Reinhard Böhner · Helmut Borgentreich –
Tag eines Arbeitslosen
oder
Wendung hin zum
nützlichen Tun

Reinhard Böhner

Helmut Borgentreich - Tag eines Arbeitslosen oder Wendung hin zum nützlichen Tun

Röschnar
Prosa

meiner Mutter gewidmet

CIP-Titelaufnahme der Deutschen Bibliothek

Böhner Reinhard:
Helmut Borgentreich – Tag eines Arbeitslosen oder Wendung hin zum nützlichen Tun / Reinhard Böhner. – Klagenfurt : Röschnar, 1990
 (Röschnar-Prosa)
 ISBN 3 900735 35 2

»Helmut Borgentreich – Tag eines Arbeitslosen oder Wendung hin zum nützlichen Tun« wurde im Verlag Röschnar von Walter W. Peball lektoriert und in 10 Punkt Times gesetzt und korrigiert.
  Der Umschlagentwurf stammt von Wilfried Leo Kuß.
  Der Band wurde bei Röschnar auf einer KORD-Offset-Druckmaschine gedruckt.
  Der Buchblock ist aus Werkdruck (100 gm^2), der Umschlag aus Efalin Compact, Neuleinenprägung (270 gm^2).
  Gebunden wurde in der hauseigenen Buchbinderei von Albert Tupy.
  Die Rechte sind beim Verlag Röschnar (© 1990 by Verlag Röschnar, A-9010 Klagenfurt).
  Das Buch trägt die ISBN (Internationale-Standard-Buch-Nummer) 3 900735 35 2.
  Printed in Austria

Ein Satz aus dem Munde von Frau Möller, der während Helmut Borgentreichs Vorstellungsgespräch fiel, in diesem selbst aber nicht vorkommen wird.

– Ganz besonders, Hr. Borgentreich, hat mir an Ihren Bewerbungsunterlagen gefallen, daß Sie sich schriftstellerisch betätigen. Einen Dichter als Erzieher hatten wir noch nicht in meinem Hause.

Durch Alpträume wird sein Schlaf, der eigentlich erholsame, gestört, unterbrochen, zur Tortur.
Schweißnaßgebadet schrickt er vom Träumen ins Wachen.
Das Bettuch unter ihm ist zerwühlt. In der Mitte liegen Wellen von Baumwolle, schweißdurchtränkt, die sich unter seinem nackten Hintern zusammengewurschtelt haben.
Seinen Oberkörper muß er bedeckt haben. Meistens trägt er das Unterhemd des vorausgegangenen Tages.
Die Träger sind feucht, ebenso Rücken- und Brustteil.
Der Alptraumgeweckte reißt es vom Körper.

Eigentlich war er nie für Spannbettücher gewesen. Seit seiner Arbeitslosigkeit jedoch schätzte er sie.

Zu Anfang waren die Enden unter seinem halbnackten Körper gelegen, hatten sie sich von der Unterseite der Matratze emporstrampeln lassen auf die Oberseite. Mühsam mußte die Matratze gehoben werden. Jetzt waren es nur noch die Wellen, die er wieder glattzustreichen, zu spannen hatte.

Hatte ihn sonst oft die Nachbarin aus der zweiten Etage über ihm, die tagtäglich, außer an Wochenenden, um fünf Uhr in der Früh den Müll des vergangenen Tages, die möglichen Spuren eines Alkoholexzesses vor der noch nicht volljährigen Tochter verbergend, beim In-den-Keller-Tragen, geweckt, war er jetzt fast schon immer vor dieser wach und konnte verstärkt feststellen, wie sie mit Mülleimer, leeren Flaschen und Schlüsselbund klimpernd durch das Treppenhaus schlich, von ganz oben nach ganz unten, zehn Treppenstufen unter die Oberfläche des Makadambelages der Straße.

Auf ihrem Rückweg nach oben verteilte sie dann immer die Tageszeitungen, die sie aus der Röhre von draußen, links neben der Haustür, geholt hatte, auf die Fußmatten der Wohnungseingangstüren.

Er springt aus dem Bett, braucht dabei keine Rücksicht auf eine weitere Person – weiblich – zu nehmen. Unter der Woche ist er, seit Beginn des neuen Semesters, nicht nur arbeits-, sondern auch weiblos.

Der einzige noch werktätige Frühschichtler dieses Sechsfamilieneigentumswohnungshauses hatte ihn noch nie geweckt. Dieser wohnte neben der Klimperin aus der zweiten Etage. Dieser verließ noch zehn Minuten früher seine Wohnung. Alle vierzehn Tage fuhr dieser mit seinem Auto zur Arbeit. Die Garagen lagen unmittelbar unter der Wohnung des Arbeitslosen, vom Fußboden dieser zur Decke der Garagen nur durch etwa zwei Meter hohe

Kellerräume getrennt; die Dicke der Decken nicht einbezogen. Im Turnus bildete der Frühschichtler mit einem Kollegen eine Fahrgemeinschaft.

Licht braucht er nicht. Seine Wohnung ist ihm vertraut.
Vom Bett bis zur Tür zwei Schritte. Rechts an der Wand der Schalter für die Deckenbeleuchtung.
Routinemäßig drückt er leise die Türklinke hinunter. Seine rechte Hand greift die niedergedrückte Klinke der anderen Seite. Leise zieht er die Schlafzimmertür ins Schloß, läßt die Klinke zeitlupenartig emporsteigen.

Den Lichtschalter im Badezimmer betätigt er, nicht, weil er dieses nicht kennen würde, sondern, weil es nur durch eine Kölner Lüftung mit der Außenwelt verbunden ist.

Sein Urin, den er jetzt hörbar abschlägt, ließe von Geruch her, vermutet er, wäre er Chemiker, erkennen, daß und wieviel er am Abend zuvor dem Alkohol zugesprochen hatte.

Die ausgeschlagene Ecke vom Innenrand der Kloschlüssel, ihre Dachrinne sozusagen, erinnert ihn an seinen Vater.

Stocksauer war dieser damals gewesen, als er die herausgehauene Ecke gesehen, diese selbst nicht mehr gefunden, sondern zusätzlich einen riesigen Scherbenhaufen aus Glas in einer Ecke der Kellerbar, da sie Russisches Trinken veranstaltet hatten. Von mutwilliger Zerstörung war die Rede gewesen. Nur Vandalen würden sich so benehmen, nicht aber frischgebackene Abiturienten.

Kein denkender Geist! Das Stück hätte man wieder klebend einsetzen können, nicht, da es unauffindbar blieb, vermutlich mit dem Erbrochenen in die Kanalisation spülen müssen.

Im Spiegelschrank, vor Jahren für DM 80,- bei Woolworth im Angebot erstanden, ins Olivgrün gehend, schaut ihm ein Dreitagebart, unbebrillt, entgegen.

Als ein Freund des Unrasierten vor Jahren heiratete, hatte er und seine damalige Freundin diesem und dessen Frau einen Spiegelschrank, weiß, geschenkt, der mehr als das Vierfache gekostet hatte.

Er geht ins Wohnzimmer, dreht aus dem Handgelenk den Thermostat auf zwanzig Grad, läßt dann Wasser in die Glaskanne der Kaffeemaschine laufen, verrichtet weiter diejenigen Tätigkeiten, die zum Brühen eines Kaffees mit solch einer Maschine notwendig sind, springt, wieder zurück im Bad, unter die

Brause in der Badewanne, um die Salzkristalle von seinem Körper zu schwemmen.
 Er wäscht sich auch die Haare. Naßmachen muß er sie sowieso jeden Tag, da sie zur Zeit wieder einmal die Länge erreicht haben, in der sie in alle Himmelsrichtungen stehen, sich trocken mit Kamm und Bürste nicht bändigen lassen.
 Er will sich ja nicht gehenlassen. Das hat er sich fest vorgenommen. Vernachlässigte Hygiene, ungepflegtes Äußeres, erste eindeutige Kennzeichen für den Arbeitslosen.

Oft hatte er in der Vergangenheit unrasiert am Küchentisch gesessen. Seinen Oberkörper zierte noch das Unterhemd, welches er nachts zuvor als Pyjamaoberteil getragen hatte. Unruhig rückte er auf dem Küchenstuhl hin und her.
 Seine Lebensgefährtin bereitete in der Küche das Frühstück. Goldgelbe Eier brutzelten in der Pfanne. Dunkelbraunen Regentropfen gleich platschte der gefilterte Kaffee in die schwarze, anschwellende Kaffeepfütze der Glaskanne.
 Helmut Borgentreich trommelte nervös mit dem rechten Zeigefinger auf die Tischplatte.
 – Ist das Frühstück bald fertig, Sandrina?
 – Jeden Moment, Helmut. Die ...
 – Das Eigelb möchte ich bitte noch weich haben.
 – Die Toastscheiben sind noch nicht braun genug.
 – Laß sie aber nicht wieder schwarz werden, Ina. Eineinhalb ist genug. Bei zwei sind sie schwarz, und du mußt das Verbrannte wieder abkratzen.
 – Ich weiß, Helmut. Spiel dich nicht wieder so schulmeisterhaft auf. Ich bin keine Schülerin.
 – Ich bin nun mal Lehrer, Sandrina.
 – Ja, arbeitsloser, Helmut, mit kaum Aussichten auf eine Anstellung.
 Sandrina brachte den Kaffee und die Eier auf den Tisch.
 – Schon wieder Spiegeleier?
 – Laß sie dir schmecken, Schulmeister.
 Sie schenkte ihm Kaffee ein.
 – Eier sind billig. Scheinen auch nahrhaft zu sein, wenn man deinen Bauch betrachtet. Dein Unterhemd kann ihn nicht mehr verdecken, du Prolet.
 Sie lächelte ihn an.
 Der Bauch kam natürlich vom Bier und Whisky. Er schüttete beides oft unkontrolliert in sich hinein.
 – Danke, Schatz, für den Proleten; aber wenn ich in Zukunft bitten darf, akademischer Prolet.

– Natürlich. Nichts zu danken. Ist doch wahr. Du läßt dich gehen in letzter Zeit. Zu sehr, finde ich.

Sandrina zuliebe sollte er sich mal rasieren. Kostete zuviele Rasierklingen. War unnütz, meinte er.

– Entschuldige, Ina. Ich bin heute zu spät aufgestanden. Unsere Nachbarin hatte ihre Zeitung schon reingeholt.

Helmut Borgentreich hatte die Zeitung nach dem zweijährigen Mindestabonnement gekündigt. Die halbjährige Nichtabonnentenzeit war schon lange vorüber. Eigentlich hätten sie die Zeitung wieder beziehen können. Er lieh sie sich lieber in aller Herrgottsfrühe bei seiner Nachbarin aus.

– Dann mußt du dir heute eine eigene kaufen, Helmut. Ist doch Mittwoch heute. Mittwochs stehen doch immer ein paar Stellenangebote drin.

– Für mich bestimmt nicht, Sandrina. Die siebzig Pfennige können wir uns sparen. Außerdem muß ich ja Freitag die Zeitung schon wieder wegen der Fernsehbeilage kaufen und natürlich am Samstag. Samstags sind die neunzig Pfennige besser investiert. Samstags stehen immer ziemlich viele Stellenangebote drin. Vielleicht ist ja diesen Samstag was für mich dabei; sei es nur ein neuer Nachhilfeschüler.

– Oder heute. Das wäre nicht schlecht. Im Moment ist es wirklich mau. Nicht einer. Aber wer nimmt schon vier Wochen vor Ferienbeginn Nachhilfe?!

– Du erinnerst dich an den Türken, den ich vor Jahren hatte?

– Ach ja. Nachprüfungen! Der arme Kerl. Tagtäglich hast du ihn getriezt.

– Und er hat seine Nachprüfung in Deutsch mit Bravour bestanden.

»Die Zeit« kaufte sich Helmut Borgentreich auch schon lange nicht mehr. Sie war ihm zu teuer, zu unhandlich, brachte nichts, was den Stellenmarkt anbelangte. Den »Spiegel« kaufte er nur ab und zu, weil er es nicht wahrhaben konnte, daß Süßkinds »Parfüm« noch immer ziemlich hoch in der Käufergunst zu stehen schien.

Die Stellenangebote aus »Lehre & Forschung« waren reine Show. Er hatte es am eigenen Leibe zweifach erfahren. An der FU in Berlin und an der Goetheuniversität in Frankfurt hatte er sich beworben. Absagen dieser beiden Universitäten erreichten ihn erst, als das neue Semester schon wieder halb vorüber war. Diese Stellen waren schon vergriffen, bevor die Anzeigen erschienen, pro forma erscheinen mußten, mutmaßte Helmut.

Jetzt ging er ab und zu in den Lesesaal der Stadtbücherei. Dort hing auch »Die Zeit« aus. Er wollte sich nicht Untätigkeit, Auslassen einer, und wenn noch so geringen Chance nachsagen lassen.

Hatte Helmut Borgentreich während seiner befristeten Beschäftigung als Lehrer die kostenlos ins Haus getragenen Wochenstadtteilzeitungen immer

abgelehnt – steht sowieso nur der Schnee von gestern drin, was ja auch wirklich stimmte – konnte er es jetzt kaum abwarten, daß sie Mitte der Woche ins Haus kamen.
– Proleten geben darin nur ihre Anzeigen auf. Bei denen ist sowieso nichts zu holen, so lauteten Helmuts Kommentare. Dennoch rief er fleißig an, wenn seine Fächer erwünscht waren. Was hatte Milton Schlaues gesagt:
Es nicht zu versuchen, ist ein größeres Risiko, als zu versagen.
Meist lohnte es wirklich die dreiundzwanzig Pfennige für das Telefongespräch nicht.

Einmal hatte er Glück. Er wurde genommen, nachdem er mit Sandrina abends bei den Eltern der zukünftigen Nachhilfeschülerin vorstellig geworden war. Geregelte, anscheinend glückliche Familienverhältnisse. Die Frau hatte die Hosen an. Der Mann nickte nur. Die Tochter grinste.

Aber auch den Sumpf lernte Helmut bei einem anderen Verhandlungsgespräch, diesmal war er allein gefahren, kennen.

Die Eltern geschieden, so schien es ihm. Die Mutter hockte mit ihrer Tochter auf einer Zweizimmerwohnung. Die Wohngegend, die Häuser erinnerten Helmut stark an Asozialität.

Eine dicke, fette Katze hockte auf dem Küchenschrank, sprang später auf den Küchentisch, an dem er saß. Die Mutter, ein zierliches Persönchen. Die Tochter, groß, grob, ungeschlacht.

Die Frau wollte das Geld für die Nachhilfestunden monatlich überweisen. Zwei Wochenstunden waren vorgesehen. Helmut gab ihr BLZ und Kontonummer seiner Bank. So etwas hatte er bis jetzt noch nie erlebt. Cash war die Devise, stündlich, wöchentlich, monatlich, egal.

Am Montag um 17.00 Uhr sollte die erste Stunde stattfinden. Die Tochter erinnerte die Mutter, daß sie dann einen Arzttermin habe. Man könne diesen problemlos verschieben, entschied die Mutter.

Abends zu Hause fiel Helmut ein wichtiger unaufschiebbarer Termin ein. Er rief an, sagte, daß die Tochter unbekümmert ihren Arzttermin wahrnehmen könne.

– Ach, Herr Borgentreich, wissen Sie, wir haben es uns nochmals überlegt. Sie brauchen gar nicht zu kommen. Eine Cousine will meiner Tochter das fehlende Wissen beibringen. Falls dies nicht klappen sollte, Ihre Telefonnummer habe ich ja.

Es erfolgte natürlich nie ein Rückruf.

Der Ausfluß der Badewanne scheint mal wieder teilverstopft. Um den Ausfluß kreisen gräulichbraune Schaumflocken, setzen sich an der Badewannenwandung ab.

Nach Duschen und Abtrocknen erneuter Spiegelschrankblick.

An der linken Kopfseite, oberhalb von Schläfe und Stirn, haben sich seine Haare stark ausgedünnt. Überall liegen sie in der Badewanne. Der Strahl der Brause läßt sie sich im Abfluß sammeln. Zwischen Daumen und Zeigefinger wird das kleine Büschel aus den Löchern gezogen, so, wie man ein Fieberthermometer behandelt.

Der Kaffee ist längst fertig, als er sich angezogen hat. Frische Milch schüttet er noch in die Kaffeekanne. Zur Zeit liebt er café au lait.
    Zum morgendlichen Ritual des Frühstückens gehören selbstverständlich die Lektüre einer Tageszeitung und Brötchen.
    Für letztere ist es a) noch zu früh; hat er b) kein Geld. Vielleicht wieder mal am Wochenende.

Er schaut durch den Spion seiner Etagentür. Bei der Nachbarin gegenüber liegt noch die Zeitung auf der Fußmatte.
    Um Vollmond scheint es heute nicht zu sein.
Er öffnet die Tür, holt sich die Zeitung.
    Sonst läge sie jetzt nicht mehr dort.
Am Frühstückstisch blättert er sie durch.
    Die Nachbarin wird dann auch schon sehr früh wach.
Heute ist sie besonders dünn. Nur je vier Seiten.
    Holt sich ihre Zeitung, liest sie im Bett, während ihr Mann neben ihr schnarcht.
Die siebzig Pfennig hätten sich heute nicht gelohnt; dann schon eher für Brötchen. Die Dicke der Zeitung wird heute nicht einmal durch Reklamebeilagen aufgewertet.
    Sonst schläft sie bis gegen acht/halb neun, manchmal länger.
Heute ist er in zehn Minuten mit der Zeitung durch, faltet sie wieder sorgfältig, legt sie wieder auf die Matte zurück.
    Dann hat ihr Sohn sie ihr schon ans Bett gelegt, bevor er zur Arbeit fährt.
Ist sie dicker, läßt er sich mehr Zeit mit der Lektüre. Die Heimatnachrichten interessieren ihn besonders. Die überregionalen kennt er fast alle aus Radio- und Fernsehübertragungen. Preisangebote aus Geschäften in der City kann er natürlich nur dem lokalen Teil entnehmen. Ein Spiegelschrank, so wie er ihn sich vorstellt, aus Aluminium, silberfarben, mit drei Türen und zehn Glaseinlegeböden sowie einer einzigen Leuchtstofflampe von 30 Watt, würde schlappe DM 599,– kosten.

In seiner jetzigen Arbeitslosensituation muß er schon mit dem Pfennig rechnen. Weite Anfahrten in die Stadtaußenbezirke lohnen sich für ihn nicht. Nur, wenn er en gros einkaufen würde. Dazu fehlt das Geld.
Nach den obligatorischen zwei Tassen Kaffee aus der Hahnentasse – ein einkornpickendes Huhn ziert diesen Becher – muß er aufs Klo. Regelmäßig.

Auf der Klobrille sitzend, lohnt es für ihn nicht, längere Artikel zu lesen. Er studiert das Chronikkalenderblatt des vergangenen Tages, so er es noch nicht am Abend zuvor im Bett getan. Manchmal liest er es aber auch dann noch mal morgens, um das eine oder andere besser zu memorieren. Wie kommt er bloß darauf, daß Gianna Nannini seine Geburtsschwester sei? Steffi Graf ist fast zwei Dekaden jünger.

Der Arbeitslose weiß erst seit wenigen Jahren, warum er sich mit seiner Lieblingstante, die im vorletzten Jahr fünfundsiebzig wurde, immer so gut verstand, noch versteht. Sie ist unter demselben Sternkreiszeichen geboren wie er. Für sie war es ihr sechsundsiebzigster Geburtstag.

Nach seinem großen Geschäft, das für ihn vom Zeitaufwand her ein kleines ist, geht er zum Spülstein, um sich zu waschen. Ob er sich seinen Puperzel, hätte das Badezimmer ein Bidet, auf diesem waschen würde und nicht mehr stehend vor dem Waschbecken, wie er es sich seit Jahren angewöhnt hatte, weiß er nicht. Er weiß, daß seine studierende Lebensgefährtin liebend gerne eins hätte, um sich nach dem Liebesspiel bequem, ohne daß ihre Füße naß würden, von seinem Samen zu befreien.

Er weiß auch, daß z. Z. an Umbau und Modernisierung des Badezimmers nicht zu denken ist, obwohl er tagtäglich an ein modernes, frisches Bad denkt, nicht nur, wenn er irgendwie darin zu tun hat. Vielleicht wäre seiner Verlobten im Zeichen der Nostalgie auch ein Waschgeschirr recht, so eins, von dem seine Lieblingstante früher mindestens zwei besaß.

Den Gedanken an ein Bidet negiert er fast immer, hat er ein solches schon zu oft umfunktioniert gesehen als Slipmonatsblutungsaufweichbecken, als Whiskykühlung nahe Knossos.

Es ist jetzt kurz vor sechs. Er stellt das Radio ein, bekommt den Schlußsatz der Morgenandacht mit: »... einen Satz zur Mitte des Bewußtseins machen.« Die Nachrichtensprecherin verhaspelt sich mehrmals. Scheint neu zu sein. Ihre Stimme ist ihm unbekannt.

T ü t – t ü t – t üüü t tönt es durch Wände und Isolierglas. Ein Nachbar von gegenüber wird zur Arbeit gehupt. Der Fahrer benutzt das Warnorgan als

Ersatzklingel, um seinen faulen Arsch, den er vor kurzem mühsam aus dem Bett gewälzt, nicht jetzt auch noch aus den noch kalten Wagenpolstern heben zu müssen. Als stünde sein Kumpel nicht schon seit geraumer Zeit wartend hinter der Gardine.

Das Tonzeichen für die Verkehrsdurchsage, dann: »Verkehrsstörungen liegen bisher noch nicht vor!«

Was soll der Quatsch? denkt er, merkt, daß er zumindest im Moment gereizt ist. Was sollen diese nichtssagenden, unsinnigen Durchsagen?

Ein Barrel sind 159 Liter.

Die sollen bei Staus lieber durchgeben, welche Spur frei, welche gesperrt ist, damit man sich als mitdenkender Verkehrsteilnehmer frühzeitig richtig einfädeln und so längere Staus verhindern kann.

Er stellt das Radio wieder aus.

Tagtäglich, außer an Wochenenden, rauschte und fiel es Punkt 06.20 Uhr durch das Hunderter Gußrohr. Sekunden der Abweichung, manchmal. Wäre die Gattin dieses Nachbarn nicht schon gegen fünf Uhr im Keller gewesen, jetzt wäre er spätestens wach geworden.

Bis um neun Uhr hat er jetzt Zeit, sich zu langweilen oder anfallende Hausarbeiten zu erledigen. Möglich, daß er sich auch beim Verrichten der Hausarbeiten langweilen wird.

Die paar Teile, die jeden Tag bei ihm an Geschirr anfallen, spült er zu Anfang der Woche mit der Hand. Zum Wochenende hin bestückt er die Spülmaschine. Eigentlich ist er gegen den Kauf dieses, in seinen Augen unnützen Gegenstandes gewesen. Mittlerweile will aber auch er sie nicht mehr missen.

Wäschewaschen, sie aufhängen und wieder abnehmen, macht er gerne. Zum Bügeln von Hosen kann er sich noch aufraffen, auch der Bettwäsche, die er sonst immer in die Mangel gegeben hatte. Hemden sind für ihn ein Greuel. Die bleiben bis zum Wochenende liegen. Die sind für seine Verlobte bestimmt. Slips und Unterhosen, Hand- und Trockentücher faltet er nur und legt sie dann in den Schrank.

Gegen neun Uhr stellt er erneut das Radio an. Er muß fast jede Stunde Nachrichten hören, einem inneren Zwang folgend. Außerdem ist »Zeitzeichen« fast tägliches Pflichthören.

Reklame schlägt an sein Ohr.

Er haßt Reklame im Radio, im Fernsehen!

Warum hatte bloß der WDR als letzter Sender in der ARD auch anfangen müssen, in seinem zweiten und vierten Programm Reklameblöcke auszustrahlen?!

Das vierte hört er nie; nur manchmal sonntags morgens von seinem Nachbarn über ihm. Blasmusik: das große Platzkonzert.

Er wünschte sich ein Radiogerät, das ähnlich seinem Autoradio funktionierte. Bei gedrückter Verkehrsfunktaste unterbricht es die laufende Sendung oder die gerade eingelegte Kassette. Es müßte sich bei Beginn der Reklame automatisch aus-, bei Beginn der Nachrichten automatisch wieder einstellen.

Wie oft schon hat er den Anfang der Nachrichten oder sie ganz versäumt, da er das Radio zu Reklamebeginn immer ausstellt.

Stolz ist er auf den WDR gewesen, immer. Die haben das nicht nötig, hat er immer gesagt.

Angefangen hatte es dann mit Reklamespots für das eigene Haus.

Er hat doch in der Tageszeitung etwas über Werbespots gelesen.

Jetzt liegt die Zeitung natürlich bei der Nachbarin auf dem Bett oder auf dem Frühstückstisch.

Er muß den Nachmittag abwarten.

Seine Nachbarin gibt dem Nachbarn über sich ihre Zeitung weiter, indem sie ihm diese nachmittags in den Briefkasten steckt.

Der Arbeitslose hatte, vor allem um den Vollmond herum, sich diese schon oft aus dem Briefkasten geklaubt, um sie wenigstens zu überfliegen. Geordnet, so wie morgens, war sie dann natürlich nicht mehr. Auch war die Zeitung nachmittags für ihn schon nicht mehr so interessant; es gab ja schon bald eine neue. Für Job-, Nachhilfeanzeigen war es dann ohnehin zu spät. Auch war es selten, daß er den richtigen Zeitpunkt der Übergabe erwischte. Diese erfolgte zu unregelmäßigen Zeiten. Vielleicht würde er ja heute Glück haben. Oder er mußte die Tage im Altpapiercontainerkarton unter der Kellertreppe suchen.

Der Arbeitslose fragt sich, ob die Leute vom »Morgenmagazin« oder vom »Mittagsmagazin« jetzt wegen der Werbeblocks, obwohl letztere nur einmal betroffen sind, weniger Geld bekommen, da sie ja weniger zu arbeiten haben. Beim WDR gibt es bestimmt Arbeitszeitverkürzung und vollen Lohnausgleich.

Die Anmeldepflicht für jüdisches Vermögen interessiert ihn als arbeitslosen Geschichtslehrer selbstverständlich, zumal er während seiner eigenen Schulzeit und auch während seines Studiums von der Zeit nach Weimar nichts mitbekommen hatte.

Daß die Benamung mit weißer Farbe in den Schaufenstern der Juden ein Vorläufer des Judensterns war, ist ihm neu.
In diese Sendung hinein klingelt der neue Postbote.
Wird nur wieder Reklame sein, sagt sich der Geschichtsinteressierte und hört das »Zeitzeichen« zu Ende.
Über dem Schlitz seines Briefkastens ist zu lesen:
»Von Reklameeinwürfen jeglicher Art
bitte ich Abstand zu nehmen!«
Manchmal hielt man sich daran. So fanden Werbeproben von Sunil-flüssig, Atascheuermilch etc. in der Regel keinen Eingang.
Werbewurfsendungen steckten immer im Schlitz, dafür sorgte, wenn nicht der/die Reklameverteiler(in), sein Nachbar, der die Reklame aus der Röhre in die im Hausflur befindlichen Briefkästen sortierte. Selbst wenn ein Nachbar mal im Urlaub war, was auch vorkam, stopfte er dessen Kasten voll, um ihn nachher wieder zu entleeren, da er ja dessen Briefkastenschlüssel in Verwahrung hatte, war der Arbeitslose dem Rentner nicht zuvorgekommen und hatte seine und des Urlaubsnachbarn Reklame zum Altpapier unter der Kellertreppe geworfen.
Auch der offizielle STOP-Werbeprospekte-Aufkleber auf dem Briefkasten, gut sichtbar für Jedermann/frau, brachte nicht viel, wie Wibke und Jörg zu berichten wußten.

Zu Beginn der vergangenen Woche war alles ganz anders gewesen. Der auch Germanistikstudierte hatte sich schriftlich und persönlich bei einem Institut vorgestellt, welches zum zweiten Mai mit Sprachkursen für Spätaussiedler beginnen wollte.
Das Vorstellungsgespräch war seiner Meinung nach sehr positiv verlaufen. Bis zum kommenden Wochenende wollte man ihm eine Entscheidung zukommen lassen.
Ein Herr, der während des Vorstellungsgespräches hinzugestoßen war, hatte dies ebenfalls bejaht.
Am Freitagnachmittag gegen halb zwei, er hatte sich an diesem Tag einmal ausnahmsweise nicht hingelegt, um den in der Früh versäumten Schlaf nachzuholen, hatte unerwarteter Weise das Telefon geläutet. Dr. Braun sagte ihm, er solle sich keine Sorgen machen, er brauche aber dieses Wochenende noch, um in Klausur zu gehen.
Netter Mensch, hatte der Hoffende gedacht. Er war mittlerweile anderes, ganz anderes gewohnt. Fast rechnete er fest mit dieser Neuanstellung. Wenn es

auch nur für zehn Monate sein würde. Knapp fünfunddreißigtausend Mark waren nicht zu verachten. Das Geld vom Arbeitsamt, falls er etwas bekäme, reichte nicht einmal für die Miete einer Sozialwohnung.

Wenn es immer so ginge: zehn Monate arbeiten, zwei Monate arbeitslos, nebenbei noch der um zwanzig Tage liegende Tarifurlaub. Das könnte zur Dauerreglung werden.

Kollegen, die nur diese zehn Monate arbeiteten, hätten keinen Anspruch auf Arbeitslosengeld erworben. Da sei er besser dran. Seine sechs Monate und eine Woche im Internat Dr. Möller zählten mit. Er hätte sich somit nach diesen zehn Monaten einen Anspruch auf Arbeitslosengeld erworben.

Diesen Monat der Arbeitslosigkeit würde er nicht so ungenutzt wie manche zuvor verstreichen lassen.

In seiner Wohnung hatte er noch diverse Umbauarbeiten vorgesehen. Nicht nur das Badezimmer. Bei einer Festzusage würde er sofort loslegen. Die Heiztherme mußte aus dem Bad verschwinden, in den Keller verbannt werden. Das Einrohrheizsystem auf zwei Rohre erneuert werden. Sein und seiner Lebensgefährtin Wohnzimmer (WZ) sowie ihr AZ (Arbeitszimmer) wollten in knackigen Wintern nie richtig warm werden. Für einen Kaminofen war kein Platz. Deshalb sollte ein zusätzlicher Heizkörper ins WZ. Dann sollten die Türen der Wohnung gegen solche aus rustikaler Kiefer, vielleicht mit Bauernmalerei im Schlafzimmer (SchZ), ausgetauscht werden. AZ und SchZ sollten Parkett bekommen. Teppichboden war, bis auf seine Fußwärme, der letzte Dreck. Dann wäre die Wohnung endlich halbwegs vorzeigbar.

Er hätte dann noch Zeit, das Bad selbst zu fliesen. Darin war der Berufslehrer ohne Anstellung mittlerweile Experte. Mit Fliesarbeiten hatte er sich nach der Referendarzeit über Wasser gehalten. Balkone, Flure, Küchen waren sein Metier geworden. Für einen Balkon bekam er noch heute das Geld. Sein Arbeitslohn wurde Stück für Stück in Naturalien aus dem Garten beglichen: hier mal etwas Petersilie, dort mal etwas Schnittlauch; Kirschen, Salat, ein paar Gartenblumen.

Von Auftrag zu Auftrag war er besser geworden. Helmut Borgentreich besaß keine zwei linken Hände, wie es den meisten Studenten oder Studierten nachgesagt wird. Kreuzschmerzen hatte er oft genug gehabt. Oft war es kalt und zugig gewesen.

Am Montag und Dienstag vergangener Woche hatte er sein Pflichthören unterbrochen, hatte dem Postboten geöffnet, sobald dieser geklingelt, ohne daß dieser bei ihm angeschellt; war enttäuscht, dennoch voller Hoffnung.

Am Mittwoch würde die ersehnte Post bestimmt eingehen. Am Mittwoch hatte seine Mutter Geburtstag. Der Mittwoch würde sein Glückstag werden, nicht nur der Ehrentag seiner Mutter sein. Das wohl schönste Geschenk, daß er ihr machen konnte, nämlich Beachtung schenken, würde er dann noch mit dem I-Tüpfelchen der Neubeschäftigung krönen können. Dieses wäre für seine Mutter das größte Geschenk, da es sie tagtäglich nicht ruhen ließ, ihren Mitte dreißig Jahre alten Sohn arbeitslos zu wissen.

Im »Zeitzeichen« wurde nicht an den neunundneunzigsten Geburtstag des Führers erinnert. Im »Zeitzeichen« werden immer nur volle oder halbvolle Jahrzehnte gewürdigt. Vielleicht würde er im nächsten Jahr Glück haben. »Ich und der Duce« war als Zweiteiler im ZDF ausgestrahlt worden.

Was sie an diesem Tage im »Zeitzeichen« sendeten, bekam er gar nicht mit. Erst als der Postbote das Haus wieder verlassen hatte, öffnete er diesmal die Korridortür. Er spähte nach rechts zum Briefkasten. Der große, braune Umschlag stak darin.

Fast hätte er am Montag schon den Oberschornsteinfegermeister angerufen, ob seine Heiztherme im Keller überhaupt möglich sein würde.

Mit seiner Mutter essen zu gehen, was er sich ausgedacht hatte, daraus wurde jetzt nichts. Er verspürte keinerlei Hunger mehr. Nur Durst und Niedergeschlagenheit.

Seine Mutter erhielt das obligatorische Buchgeschenk, erzählte etwas aus ihrer Jugend. Nach gut zwei Stunden fuhr der entmutigte, arbeitslose Sohn wieder. Daß der erste Mann seiner Mutter an ihrem Vierteljahrhundertgeburtstag, wenige Tage vor Kriegsende, gefallen war, nahm er als neue Information mit nach Hause.

Der für ihn zuständige Sachbearbeiter beim Arbeitsamt ging nicht ans Telefon.

Dr. Braun, den er dann anrief, um seine Enttäuschung auszudrücken, um für zukünftige Bewerbungen ähnlicher Art Detailwissen zu erfragen, war doch nett, da er ihm mitteilte, daß er mit in der letzten Wahl gewesen sei, man sich aber gegen ihn entschieden habe, da ein anderer noch besser qualifiziert gewesen sei, da aus dessen Zeugnissen hervorgegangen sei, daß dieser aktiv mit Spätaussiedlern gearbeitet hatte, er und sein Kollege, der der Geldgeber ihres Institutes sei, diese Information aber nur von ihm aus seinem Anschreiben und dem Vorstellungsgespräch erfahren hätten.

Dr. Braun hatte über die Neueinstellung nicht allein entschieden.

Diese wichtige Information, seine Arbeit speziell mit Spätaussiedlern, fehlte in seinem Zeugnis. Sie mußte diesem noch unbedingt hinzugefügt werden.

Auf seiner alten Schreibmaschine schrieb er ad hoc entsprechenden Brief an seinen ehemaligen Arbeitgeber.

Helmut Borgentreich hört nicht den elektrischen Haustüröffner. Hört nicht den Postboten die Briefkästen bestücken. Im Briefkasten findet er eine Nachnahmebenachrichtigung über DM 39,75. Die Quartalsbriefmarken aus Frankfurt.

Am Nachmittag, nach sechzehn Uhr, hatte er dann, wider Erwarten, seinen Sachbearbeiter doch noch an der Strippe.
– Herr Kühler, das mit dem Institut hat nicht geklappt. Habe heute meine Bewerbungsunterlagen zurückerhalten.
– Kopf hoch, Herr Borgentreich! Ist ja nicht so schlimm. Nur nicht den Mut verlieren. Wir haben ja auch in unserer Stadt vor, Sprachkurse für Spätaussiedler durchzuführen. Ist ja noch eine Marktlücke in unserer Stadt, wie Sie vielleicht selbst wissen, Herr Borgentreich.
– Wann finden die statt, Herr Kühler?
– Die ersten auch Anfang Mai. Die hat aber schon ein Träger bekommen. Darauf konnten wir keinen Einfluß ausüben. Der zieht die Maßnahme mit eigenen Lehrkräften durch. Die, die für Sie in Frage kämen, beginnt Anfang Juli. Da sind wir dann am Ball, Herr Borgentreich! Kopf hoch! Mut gefaßt! Die Trägerin kenne ich persönlich. Ich schicke heute noch Ihre Bewerbungsunterlagen raus. Die habe ich doch, Herr Borgentreich, oder?
– Ich habe sie letzte Woche in Ihrem Vorzimmer abgegeben.
– Dann ist es ja gut, also, wie gesagt, Ihre Bewerbungsunterlagen an die Trägerin gehen heute noch raus. Das wird bestimmt klappen. Wäre ja gelacht. Die Dame kenne ich persönlich, Herr Borgentreich. Das klappt im Juli. Bin ich mir ganz sicher. Bei Ihren Voraussetzungen. Also, Herr Borgentreich. Am Ball bleiben. Sich umhören, umgucken! Ich melde mich wieder, sobald ich Neues weiß.

Der Herr Kühler hatte gut reden. Der bekam jeden Monat sein Gehalt. Dessen Arbeitsplatz war krisenfest. Wurde komparativer von Jahr zu Jahr. Fest saß der mit seinem Bierarsch in seinem Schreibtischsessel. Konnte nur noch höher im Hochhaus steigen. Und reden konnte der. Darauf waren die vom Arbeitsamt

trainiert. Reden; totlabern; Floskeln abspulen. Beruhigend einwirken; einlullen.
Das nächste arbeitslose Schwein wartete schon draußen vor der Tür.

> *Jeder hat das Recht, seine Meinung in Wort und Schrift frei zu äußern und zu verbreiten... Das Recht der persönlichen Ehre* sieht Helmut Borgentreich durch seine Meinungsäußerungen nicht angegriffen.
> (GG, Art. 5, 1. u. 2.)

So tun als ob.

Für irgend etwas mußten die beim Arbeitsamt ja auch ihre Gehaltsempfangsberechtigung haben.

Fast wäre er, Helmut Borgentreich, der arbeitslose Lehrer für Deutsch und Geschichte mit, für Englisch ohne Fakultas, auch so einer geworden wie Herr Kühler. Natürlich zu Anfang kleiner, viel kleiner als sein Sachbearbeiter. Die Erfolgsleiter nach oben stand jedem offen, war er erst einmal im System. Fahrstühle gab es im Hochhaus auch zur Genüge. Das Problem war nur, in dieses System oder in jedes andere einzudringen. Auch der Chef dieses Arbeitsamtshochhauses, in den Flüßchensand des städtischen Flüßchens gesetzt – ein persönlicher Freund seines Vaters –, war nicht in der Lage gewesen, dieses System zu hacken.

Auch anscheinend höchste Beziehungen nützen nichts, obwohl Vitamin B das eigentliche A & O bei allem ist; schon immer hilfreich war; heute und morgen mehr denn je sein wird; denn meistens sitzt immer noch einer drüber, der sein Veto einlegt.

Arbeiten, um Geld zu verdienen.
Eine Arbeit verrichten, die nicht befriedigt!

> *Niemand darf zu einer bestimmten Arbeit gezwungen werden.*
> (GG, Art. 12, 2.)

Warum hatte er, Helmut Borgentreich, eigentlich studiert? Um als Ewigarbeitsloser, um als Abundzumaleinpaarmonatebeschäftigter sein Leben zu fristen, dann zu beschließen?

> *Jeder hat das Recht auf freie Entfaltung seiner Persönlichkeit.*
> *(GG, Art. 2, 1)*

Am Ball bleiben!
 Nicht zu früh ab-, aufgeben!
 Herr Kühler hatte recht!
 Zweieinhalb Monate hatte er noch zu überbrücken, falls es mit dieser neuen Maßnahme klappen sollte.

Selbst ist der Mann!

Bis jetzt hatte das Arbeitsamt, außer Verwirrung, bei ihm und für ihn noch nichts vermitteln können. Eine Stelle hatte er sich bis jetzt immer selbst besorgt.

Sich auf andere Themen stürzen. Auf viele. Gleichzeitig.

Abschweifen. Das war bis jetzt sein eigentlicher Fehler gewesen.
 Helmut sah dies jetzt ganz klar vor seinen graugrünen, bebrillten Augen.
 Zu viele Ideen. Zu rege Fantasie. Alles anfangen; nichts, fast nichts zu Ende bringen. So hatte es bis jetzt bei ihm ausgesehen.
 Jetzt wußte Helmut Borgentreich, daß es gut gewesen war, daß es mit einer Stelle im Arbeitsamtshochhaus nicht geklappt hatte, daß es seine Schicksalsfügung gewesen, daß Dr. Braun ihn nicht hatte einstellen können.
 Er würde die Zeit bis Anfang Juli zu nutzen wissen.

> *Alle Deutschen haben das Recht, Beruf, Arbeitsplatz und Ausbildungsstätte frei zu wählen.*
> *(GG, Art. 12, 1.)*

Er ahnte, daß sein Leben Anderes, Besseres, Wertvolleres mit ihm vorhatte.
 Er hoffte, daß er nicht so lange wie Theodor Fontane zu warten haben würde. Wenn er allerdings achtundachtzig werden würde, wie er es sich wünschte, wäre dies auch nicht so schlimm.

Wendung hin zum nützlichen Tun schoß es ihm durch den Kopf.
 Dieser Satz war plötzlich gekommen, ohne Frage. Er wußte aber, daß er schon lange in seinem Gehirn gereift war.

Das war´s! Das würde ihn aufrechthalten, ihm helfen, die nächsten Wochen und Monate sinnvoll zu gestalten.

Es schaffen!
Etwas Nützliches tun!

Er hatte sie beobachtet, eines Tages, als er von alleine oder durch den Vollmond wach geworden war, so gegen halb fünf.
Kurz vor fünf der werktätige Nachbar. Wurde von seinem Fahrgemeinschaftskollegen abgeholt. Kein Hupen. Kurz nach fünf Lärmen im Keller. 05.15 Uhr. Die Zeitung steckte noch immer nicht in der Röhre. Treppe runter, Treppe rauf, mehrmals.
Irgendwann einmal auf das morgendliche Müllheruntertragen und Verstauen in den Metallmülleimer – hier durfte heiße Asche eingefüllt werden, ein noch echter Ascheneimer, alle im Sechsfamilieneigentumswohnungenhaus besaßen Gasheizung – angesprochen, meinte der Gatte der Lärmerin, daß seine Frau das schon zwanzig Jahre so mache und daß man ihr nicht zumuten könne, mehrmals von ganz oben nach ganz unten in den Keller zu laufen.
Beamter!

Oft verspätet sich der/die Zeitungsbot(e)in. Zwei-, dreimal mindestens geht es die Treppen runter und wieder rauf.

Früher, als es noch mit Kohlen und Briketts zu heizen galt, soll sie sogar in aller Frühe diese mit der Schaufel vom Kellerboden in die Kohlenschütte geschippt haben. Die Mieter der Parterrewohnungen standen senkrecht im Bett, waren sie noch nicht zur Frühschicht unterwegs.
Der heute Arbeitslose war damals noch Schüler, wohnte noch nicht in diesem Hause.

Damals bei der Bundeswehr hatte der Kommandeur des Bataillons von ihnen, den Rekruten, den Goldenen Spaten überreicht bekommen, da er tatkräftig mitgeholfen, einen festgefahrenen LKW freizuschaufeln.
Spaten-Heinz hieß er von da an nur noch.

Auf einer Hausversammlung wollte der Arbeitslose schon einmal die Goldene Mülltonne verleihen. Besagte Dame aus dem zweiten Stock hätte dieses sicherlich falsch ausgelegt. Außerdem hatte Helmut Borgentreich auch keine in Spielwarengeschäften auftreiben können, obwohl er irgendwo mal eine gesehen hatte. Auch Goldbronze hatte er zum Glück noch nicht gekauft gehabt.

Im Gegensatz zum Nachmittagsschriftsteller braucht der Tagesarbeitslose Geräusche nicht. Sie sind für ihn »geradezu (k)eine Wohltat«. Ihn stören sie. Er haßt sie. Jeglicher Art. Für ihn wäre ein schallisolierter Turm genau das richtige. Es müßte kein Turm sein, obwohl dies ein Kindheitstraum, der ihm anhängt. Ein gemütliches Zimmer täte es auch, jedoch abgeschlossen von ablenkenden Geräuscheinflüssen.

Der Tagesarbeitslose findet es auch nicht gut, wenn er, nicht nur um die viele freie Zeit, die ihm in seinem Zustand zur Verfügung steht, zu nütze, sehr viel lesend, feststellen muß, daß anerkannte, berühmte Schriftsteller andauernd in Dialogen »sagte er, sie, es« benutzen.

Er findet, daß dem intellektuellen Leser Eigendenken ruhig überlassen bleiben dürfte.

Was der Nachmittagsschriftsteller dazu meint, weiß der Hobbyschriftsteller natürlich nicht.

Ein manchmal etwas chaotisch verlaufender Dialog läßt den Leser, nicht nur bei Krimis, guten oder schlechten, Detektiv sein.

Ferner ist Helmut Borgentreich der Meinung, daß ein Schriftsteller dem geneigten Leser nicht allzu viel vorgeben sollte, um dessen Fantasie nicht zu sehr einzugrenzen. Wetterlagen: ein Hoch, Tief über dem Ruhrgebiet, dem Sauerland; Straßenzüge, Orte: der Plan seiner Heimatstadt; Personen: die in diesem Buch Erwähnung finden, werden hier nicht, wie viel zu oft, bis ins letzte Detail beschrieben. Der Leser könnte nur nachvollziehen. Helmut Borgentreich sieht dies gar nicht ein. Er beschreibt nur wenig, gibt nur Anhaltspunkte. Er will den Leser nur hier und da lenken und leiten, wo es ihm unbedingt notwendig erscheint, sonst räumt er ihm die Möglichkeit ein, sich die »Um-« Stände, seiner individuellen Vorstellung entsprechend, selbst zu gestalten.

Helmut Borgentreich weiß, daß er von manchem Leser vielleicht zuviel verlangt; doch er läßt es hier auf den Versuch ankommen. Wer möchte, kann sich gerne bei ihm melden! Auch Helmut Borgentreich ist lernfähig. Das Urteil seiner Leser interessiert ihn mehr als das irgendwelcher Kulturpäpste in Frankfurt, als das von Juries in Düsseldorf oder anderswo.

Der Horizont eines Menschen ist begrenzt. Erkennbar oft an den Äußerungen, die dieser von sich gibt.

Der Vater des Arbeitslosstudierten meinte: »Nun wird es aber Zeit. Jetzt mußt du endlich sehen, daß du noch auf dem Bau unterkommst!«

Gegen den Dreitagebart, den er zuerst gar nicht feststellte, dann beim Abschied doch registrierte, hatte er natürlich nicht nur ein Naserümpfen einzuwenden.

Hunde mag der Vater des Arbeitslosen auch nicht, obwohl Jäger, was sein studierter arbeitsloser Sohn gar nicht begreifen kann, da er Hunde mag, sehr sogar, vor allem Rottweiler und Irische Setter.

»Vor allem« würde er sich sofort zulegen, hätte er ein eigenes Haus mit Auslaufgarten. »Vor allem – männlich« hatte ihn mal in den Arm gebissen, als er sich zu sehr dem weiblichen Pendant durch Vergabe von Streicheleinheiten widmete.

Für Helmut Borgentreich wäre es besser gewesen, wenn er nach dem Abitur eine Lehre gemacht hätte. Später hätte er dann immer noch studieren können.

Er wollte es so.

Sein Vater wollte es anders.

Jetzt war er arbeitslos.

Unterstützung von seiten seines Vaters. Darauf konnte er nicht hoffen. Beim Arbeitsamt sollte er angeben, daß er (sein Vater) ihm (Helmut Borgentreich) nichts gäbe, auch nicht die berechnete Summe, die seinem Sohn per Gesetz zustünde.

Die Tage meinte der Vater sogar, er (H.B.) habe ja unbedingt studieren wollen. Er habe sich die Suppe seiner jetzigen Arbeitslosigkeit selbst eingebrockt.

Der obligatorische Weg zum Arbeitsamtshochhaus der Stadt. Formulare empfangen, ausfüllen, wieder abgeben. Nummern müssen gezogen werden wie beim Zahnarzt.

Die Nummer, die man gezogen hatte, leuchtete dann irgendwann, nach zwei/drei Stunden, auf, mit einem Buchstaben davor, für das Zimmer, in dem man seine Anträge abgeben mußte.

Schon um 07.00 / 07.15 Uhr waren Männer, denen man ansah, daß sie schon lange, zu lange arbeitslos waren, da, um als erste um 07.30 Uhr eingelassen zu werden, um sich Nummern zu sichern, die sie gar nicht benötigten.

Einer dieser Langzeitarbeitslosen fragte Helmut Borgentreich, nachdem er sich seine schon einstündige Wartezeit mit der Lektüre des neuen »Spiegels« verkürzt hatte, ob er seine Nummer haben wolle.

Helmut schaute ihn prüfend an. Er war abgerissen, trug eine verschmierte, verschlissene Parka von Klamotten-Anton. Seine Schneidezähne fehlten. Er stank nach Alkohol und Nikotin. Die Finger seiner rechten Hand, Zeige-, Mittel-, Ringfinger waren nikotinbraun verdreckt. Schwarze, abgebrochene, eingerissene Fingernägel.

– Was willst du dafür haben?

– Nix. Wirklich nix.

– Welche Nummer hast du denn?

Er zeigte Helmut den Abrißnummernzettel. Sie war zehn Zahlen niedriger als seine. Eine Stunde weniger Wartezeit.
– Gut, gib her.
Helmut nahm die Nummer, die ihm der Abgerissene entgegenstreckte, wendete sich dann wieder seiner Lektüre zu. Der Nummernzettelhändler wich nicht von seiner Seite. Helmut war mit seinem Artikel zu Ende, blätterte um.
– Haste nich mal zwanzich Pfennich für mir?
– Wie bitte?
– Kannste mich nich zwanzich Pfennich geben?
– Ich denke, die Nummer hast du mir umsonst gegeben?
– Is auch nich für die Nummer. Ich will mich nen Brötchen kaufen. Hab noch nich gegessen.
Helmut Borgentreich kramte in seinen Jackentaschen, fischte eine Mark heraus, gab sie ihm. Die Augen des Zettelhändlers konnten nicht mehr leuchten. Der Glanz eines Alkoholikers.
– Kauf dir aber bestimmt etwas zu essen dafür.
– Mach ich, mach ich.
Er verschwand in Richtung Ausgang.

Wenn er sofort losfährt, kann er den Briefträger sicherlich noch erwischen.
Vierzig Mark sind z. Z. eine Stange Geld. Das Abonnement wird er aber dennoch nicht kündigen. Ab 1958 hatte er sie alle. Gestempelt und postfrisch. Mindestens einmal. Die Aktien des kleinen Mannes. Seine.
Es ist möglich, daß die Arbeitslosigkeit ihn zwingen wird, Dauerabbuchungsaufträge zu erteilen, die er in einem festen Arbeits-, Angestelltenverhältnis, als freischaffender Künstler nie erteilen würde.
Zur Post muß man mindestens einmal im Monat, um ein paar Briefmarken zu kaufen; man kann dann gleich die Telefonrechnung mitbezahlen.

War Geld vorhanden, floß es regelmäßig, bestanden für den jetzt Arbeitslosen keinerlei Bedenken, alle vier Wochen DM 100,– für einen Lottoschein auszugeben.
Im Gegensatz zu seiner Mutter ist er der Meinung: wer nicht wagt, der nicht gewinnt.
Hat man kein Geld, kann man nichts gewinnen. Geld kommt nur zu Geld. Armes Schwein bleibt eins.

Auch hatte er sich schon vorgenommen, das wöchentliche Lottogeld ins Sparschwein zu werfen, dieses mit Gewinn und Einsatz/Verlust aus den Tippscheinen aufzurechnen; zusätzlich zum Einsatz natürlich.

Eigentlich kann er, wenn er schon mit dem Wagen unterwegs ist, auch gleich bei seinem Freund, Skat- und Doppelkopfbruder Jörg vorbeischauen und die paar Fliesen auf dessen Balkonbrüstung legen.

Helmut geht in die Garage, sucht die notwendigen Werkzeuge zusammen und fährt dann los. Den Postboten sieht er nicht mehr.

Jörgs Frau, Wibke, hatte ihn unterrichtet, daß Fliesen, Kleber und Fugenbunt da seien. Ihren Wohnungsschlüssel werde sie in der Garage hinterlegen.

Helmut findet den Schlüssel. Die benötigten Sachen liegen schon alle auf dem Balkon. Er legt die Platte »Maschi e Altri« seiner vermeintlichen Geburtsschwester auf, rührt den Kleber an, der jetzt bis zu zwanzig Minuten gehen muß wie ein Hefeteig.

Auf dem Nachbarbalkon erscheint Ellen.

- Hallo, Ellen! Du bist ja doch da. Wibke meinte, du hättest heute Dienst.
- Nein, Helmut, erst nächste Woche. Aber, was machst du denn schon so früh hier?
- The early bird catches the early worm, Ellen. Auf gut deutsch ...
- Nicht nötig, Helmut.

Er wundert sich, woher eine Krankenschwester die Bedeutung dieses englischen Idioms kennen mochte.

- Du bist nicht in der Schule?
- Wie du siehst, nein.
- Warum nicht?
- Eine längere Geschichte, Ellen. Wenn sie dich interessiert, und du Zeit hast, kann ich sie dir erzählen. Mein Kleber muß erst einmal richtig durchziehen. Ach, übrigens, hast du zufällig eine Blechschere?
- Um Werkzeug kümmere ich mich grundsätzlich nicht. Das ist Reinhards Metier. Wenn ich mich auch darum noch kümmern wollte!
- Eine Allzweckhaushaltsschere würde es sicher auch tun. Das Blech hier ist mal gerade einen Millimeter dick.
- Habe ich, Helmut. Ich bringe sie mit rüber. Vorher setze ich noch nen Kaffee auf. Dabei läßt sich besser erzählen.

Ellen bringt wenig später die Schere. Helmut schneidet ein störendes Stück Blech ab.

- Ja dann, erzähl mal, Helmut.
- Von Anfang an?
- Von Anfang an! Wibke und Jörg hatten Reinhard und mir erzählt, daß du fast direkt nach deiner Referendarzeit eine Stelle in einer Schule in unserer Stadt bekommen hattest.
- Also, Ellen, hol den Kaffee, und dann werde ich dir die Story erzählen. Es fing damit an, daß Jörg mich eines Tages im letzten Sommer anrief.

- Jörg rief dich an, Helmut. Warum?
- Wegen einer Annonce. So, und jetzt unterbrich mich nur noch, wenn es unbedingt nötig ist. Ich habe nicht allzu viel Zeit. Die Fliesen verlegen sich nicht von alleine, und der Kleber darf auch nicht zu hart werden.

Jörgs Anruf

- Hast du den Inseratenteil der Zeitung schon studiert, Helmut?
- Du weißt doch, daß ich während meiner Arbeitslosigkeit keine Zeitung abonniert habe, Jörg.
- Solltest du aber, solltest du aber. Dann mußt du dir heute die Zeitung ausnahmsweise mal kaufen.
- Warum?
- Die suchen im Internat unserer Stadt einen Erzieher.
- Erzieher?! – Ich bin Lehrer. Ich habe Erstes und Zweites Staatsexamen. Ich bin Magister.

Warum hatte ich letzteres erwähnt? Hatte mir noch keine müde Mark eingebracht, der Titel. War nur Zierde. Schmeichelte meinem Ego.

- Gerade einen ausgebildeten Lehrer suchen die in Heimhausen, Helmut. Mit Erstem und Zweitem Staatsexamen.
- Welche Fächerkombination, Jörg?

Diese eingefleischte Frage. Fächerkombination!? Für einen Erzieher?!

- Keine Fächerkombination, Helmut. Sekundarstufe I und/oder II. Sonst verlangen die nichts.
- Damit kann ich dienen.
- Meine ich doch.
- Kannst du mir die Anzeige aufbewahren, Jörg? Ich hole sie mir morgen ab.
- Soll ich sie dir nicht lieber gleich vorbeibringen?

- Ellen, soweit das Telefonat mit Jörg.
- Du hast dir natürlich die Zeitung gekauft.
- Zuerst dachte ich, es sei billiger, hierherzufahren und sie abzuholen. Aber, Spaß bei Seite, Ellen. Vielleicht interessiert dich der Inhalt der Anzeige? Ich habe sie damals ausgeschnitten. Hier ist sie.

Ich hole die Anzeige der Westfälischen Rundschau vom dritten Juli aus meiner Geldbörse und gebe sie Ellen. Diese liest:

Das Gymnasium Heimhausen sucht zum baldigen Eintritt einen
E R Z I E H E R
mit Lehrbefähigung für Sek. I oder I und II.

Wir erwarten einen Herrn, der Autorität besitzt und disziplinsicher ist.

Zu seinen Aufgaben gehören: Beratende Beaufsichtigung der Hausaufgaben und Betreuung unserer Internatsschüler in der Freizeit.

Bewerbungen mit den üblichen Unterlagen und Lichtbild an
Gymnasium Heimhausen
Internat Dr. Möller

Ellen gibt mir den Zeitungsausschnitt zurück. Ich stecke ihn wieder in mein Portemonnaie.

- Auf diese Anzeige hin hast du dich beworben?!
- Was blieb mir anderes übrig, Ellen. Ich spielte mit dem Gedanken, Internat und Gymnasium bilden eine Einheit. Irgendwann war vielleicht die Möglichkeit gegeben, überzuwechseln.
- Was geschah dann ?
- Die üblichen Spirenzckens. Ich mußte uns über Wasser halten. Sandrina bekam kein Bafög mehr. Ihr Vater rückte kein Geld mehr heraus, ist der Ansicht, daß ich seine Tochter zu ernähren habe, wenn sie schon bei mir wohnt, was ja eigentlich auch stimmt. Ich konnte auf dem Bau unterkommen, für´n Zehner die Stunde.

Ich ging auf den Bau, ging dieser Beschäftigung nach, weil ich Geld benötigte. Speiß machen, Steine pannen, LKW-Ladeflächen abladen: Eisenträger, Stützen, Schalbretter. Die Maurer bedienen: mit der Schubkarre den Speis über Laufbohlen zu den Speisfässern bugsieren. Mit der Schippe in das Speisfaß auf dem Gerüst hieven; aus der Schubkarre in das Speisfaß auf dem Boden laufen lassen. Sahniglocker.

Gezahlt haben sie mir letztlich nur acht Mark. Der Neubau soll für die Firma ein Verlustgeschäft gewesen sein. Mit armen, studierten, arbeitslosen Schwarzarbeitern können sie es halt so machen.
- Hast du dich nicht beschwert, Helmut?
- Beschwert? Nein, Ellen. Ich war froh, daß ich überhaupt die acht Mark bekommen hatte. Hatte von Leuten gehört, die nur fünf Mark bekamen.
- Und was geschah auf deine Bewerbung bei Dr. Möller hin?
- Zweimonatiges Schweigen bis zum Sonntag, dem 06. 09. Da klingelte gegen Viertel vor elf das Telefon.

Das Telefonat

- Borgentreich.
- Herr Borgentreich, hier ist Frau Möller. Sind Sie noch frei, Herr Borgentreich?
- Ja! Leider, Frau Möller!
- Könnten Sie vielleicht am nächsten Dienstag zu einem Vorstellungsgespräch bei mir vorbeikommen?
- Kann ich, Frau Möller. Kann ich. Und um wieviel Uhr?
- Gegen 14.00 Uhr.
- Gut, ich werde da sein.
- Auf Wiederhören.

- Wer war den das? fragte mich Sandrina sofort.
- Frau Möller vom Internat Dr. Möller. Die wollte wissen, ob ich noch frei sei.
- Daß die sich überhaupt noch gemeldet hat. Das ist doch schon lange vor den Sommerferien gewesen, daß du dich dort beworben hast.
- Genau, Sandrina. Nicht mal ne Eingangsbestätigung meiner Bewerbungsunterlagen, gar nichts ist von denen gekommen. Die haben sich echt Zeit gelassen. War schon drauf und dran gewesen, mal nachzufragen.
- Dort scheinen ja merkwürdige Sitten zu herrschen, Helmut.
- Kannst du wohl laut sagen, Ina. Erst keine Antwort, monatelang, dann dieser sonntägliche Anruf gerade. Kannst du dich noch an unseren alten Zahnarzt erinnern. Hatte der nicht auch mal sonntags angerufen, um mir meine Brücke anzupassen, oder war das samstags gewesen?
- Ich glaube, es war samstags.
- Trotzdem. Die Erzieherstelle scheint jedenfalls noch vakant zu sein. Will mich am nächsten Dienstag mal vorstellen. Vielleicht klappt´s ja.
- Und du brauchtest nicht mehr auf den Bau, bei diesem Sommersauwetter.
- Wir wollen uns nicht zu früh freuen, nicht zu früh Pläne schmieden, Ina. Sind oft genug wie Seifenblasen zerplatzt.
- Die Schule hat doch mindestens schon vor einer Woche wieder begonnen, oder nicht?
- Stimmt, Ina. Seit einer Woche ist wieder Schule. Finde ich auch sehr merkwürdig, daß Frau Möller sich erst heute gemeldet hat.

- Und du bist dann am Dienstag zum Vorstellungsgespräch gefahren?
- Natürlich, Ellen. Du kannst mir ruhig noch eine Tasse Kaffee einschenken. Mein Bluthochdruck wird´s dir zu danken wissen.

Das Vorstellungsgespräch (15. 09.)

Um meine Alhikasse aufzubessern, hatte ich bei einem Kegelbruder, der gebaut hatte, insgesamt fünfundzwanzig Stunden mit Schippe, Spitzhacke, Harke und Schubkarre in knallendster Sommersonne – an diesen Tagen regnete es ausgerechnet nicht – vom Bagger ausgehobenes Erdreich zurück an die Hauswand des Kellerbereichs verfüllt. Es wäre für mich noch mehr zu tun gewesen, aber dieser Kegelbruder wollte dann doch lieber allein den Resthügel verkarren und verfüllen. Mein Stundenlohn, Freund – halt!, um Gottes Willen, Kegelbruderpreis von zehn Mark war ihm dann anscheinend doch entschieden zu hoch. – Der größte Teil des Haufens liegt übrigens heute noch da. – Beim letzten gemeinsamen Kegeln tagszuvor hatte er sich bezüglich meines noch ausstehenden Lohnes nichts anmerken lassen.

Mein Vorstellungsgespräch lag fast auf dem Weg bei ihm zu Hause vorbei.

– Warum hast du dich denn so in Schale geworfen, Helmut? begrüßte mich Leos Frau.

– Muß zu einem Vorstellungsgespräch, Julia. Zum Internat Dr. Möller.

– Internat Dr. Möller? Ach ja, in Heimhausen, nicht? Können die dich dort als Lehrer gebrauchen?

– Das nicht gerade, Julia. Die suchen einen Erzieher.

– Hoffentlich hast du Glück

– Will´s hoffen. Übrigens, Julia, wie sieht´s denn mit meinen zweihundertfünfzig Mark aus?

– Hat die dir Leo denn nicht gestern beim Kegeln gegeben?

– Wäre ich sonst hier?

– Stimmt das denn auch mit dem Betrag?

– Nach Adam Riese schon, Julia.

Julia holte das Geld, gab es mir. Wir verabschiedeten uns. Ich hatte noch Zeit. Fuhr in Richtung Heimhausen. Fand das Internat sofort, obwohl ich es eigentlich ganz wo anders vermutet hatte. Ich kannte das Internat nur dem Namen nach. Es war in der Stadt und im Umkreis bekannt. Der Sohn meines ehemaligen Hausarztes hatte dort, soweit ich wußte, sein Abitur gebaut, um, wie sein Vater, ebenfalls Medizinmann werden zu können. Mußte schon ein paar Jahre hersein, daß er hier Zögling gewesen; mittlerweile mußte er Medizin studieren. Ob er jedoch, nach bestandenen Examina, das von seinem Vater aufgebaute Sanatorium wird übernehmen können, hängt nicht nur vom Gesundheitsminister unseres Landes ab. So stand es jedenfalls in der hiesigen Presse, so war es im Radio aus dem Munde meines alten Hausarztes zu erfahren.

Ich fuhr in einen nahegelegenen Wald. Ich mußte mich erleichtern. Meine Blase drückte. Ich fuhr nach meinem kleinen Geschäft zurück, hörte noch etwas Musik. Um zehn vor zwei verließ ich das Auto und strebte dem Internatsgelände zu.

Das Internat liegt, wie du vielleicht weißt, am entgegengesetzten Ende des ehemaligen Dorfes Heimhausen, einem heutigen Stadtteil unserer Stadt. Es ist 1975 im Zuge der kommunalen Neugliederung dieser zugeschlagen worden. Bekannter noch als das Internat ist, glaube ich, der Dorfkrug von Heimhausen. In ihm konnte man früher zwar teuer, aber ausgezeichnet essen. Da ich in meinem Leben auch schon mal bessere Zeiten gesehen habe, sind wir vor

Jahren des öfteren in ihm eingekehrt. Wibke und Jörg waren auch ein paar Mal mit. Aber ich schweife ab.

Das Internatsgelände war umzäunt, will nicht sagen, hermetisch abgeriegelt. Der Eingang bestand aus zwei Toren, einem kleineren für Fußgänger, einem größeren Rolltor für Fahrzeuge. An einem Natursteinpfeiler dazwischen prangte ein messinggetriebenes Schild: GYMNASIUM HEIMHAUSEN.

Ich folgte dem Fahrweg, der sich durch Gartenanlagen mit Birken- und Tannenbestand sowie vielfältigen Blumenrabatten rechts und links in die Tiefe des Geländes wand. Auf der rechten Seite, hinter dicht stehenden Bäumen, schien ein Gebäude zu residieren. Nur Bruchstücke hellen Putzes, ein Fleck roter Ziegel waren zu sehen. Die Villa der Besitzerin, dachte ich. Weiter dann der Eingang eines anderen, älteren Gebäudes. Schon von weitem konnte ich in Großbuchstaben SEKRETARIAT lesen, so daß ich vorbeikommende Schüler nicht zu fragen brauchte.

Auf mein Klingeln hin wurde mir geöffnet. Ein Herr in dunklem Anzug sagte mir, nachdem ich mich vorgestellt, er seinen Namen genannt, den ich aber nicht verstand, ich solle doch bitte einen Moment warten, er werde mich der Chefin melden.

– Herr Borgentreich ist da, Frau Möller, hörte ich ihn in den Telefonhörer flöten.

Nur ihr Gatte schien promoviert gewesen zu sein.

Der Herr im dunklen Anzug geleitete mich aus dem Sekretariat heraus in eine an den Wänden bis in Kopfhöhe in dunkelgrünem Marmor verkleidete Halle, von dort dann in eine kleinere Nebenhalle, in der braune Ledersessel – Chippendale – um einen Tisch aus schwerer Eiche gruppiert auf altem Perser standen.

– Nehmen Sie bitte einen Moment Platz, Herr Borgentreich. Frau Möller wird gleich erscheinen.

Ich ließ mich in einem der Ledersessel nieder, versank darin, arbeitet mich auf den vorderen Teil der Sitzfläche vor. Eine hockende, bronzene Kinderfigur auf einem Beistelltischchen an einer der hier rötlichbraunen Marmorwände sah mich prüfend an.

Die große Standuhr, an der wir im Übergang von der großen zur kleinen Halle vorbeigekommen waren, schlug zweimal. In einiger Entfernung vor mir konnte ich durch ein großes Fenster grüne Stuhl- und weiße Tischreihen erkennen. Eine Tür schlug. Schritte hallten auf dem gräulichbraunen Fußbodenmarmor. Eine ältere Dame in Begleitung eines Herren in grauem Anzug bog

in die kleine Halle, in der ich saß, ein. Ich erhob mich.
– Herr Borgentreich? Ich bin Frau Möller. Dies ist unser Herr Lössel.
Frau Möller reichte mir ihre Hand, anschließend der Herr.
– Nehmen Sie doch bitte wieder Platz, Herr Borgentreich.
Ich setzte mich wieder auf die vordere Polsterung der Sitzfläche des Sessels, schlug mein linkes Bein über mein rechtes Knie.
– Sie haben sich bei uns beworben. Sie wollen hier bei uns als Erzieher tätig werden. Unser Herr Lössel wird Ihnen jetzt Ihren Aufgabenbereich und den Ablauf Ihres Dienstes mitteilen.

Frau Möller mußte weit in den Siebzigern sein, etwa im Alter meiner Lieblingstante. Ihr Alter ließ sich schlecht schätzen. Früher, bei jungen Damen, war mir das fast immer auf Anhieb gelungen. Ihr Gesicht war stark geschminkt. Meine Tante weiß, glaube ich, bis heute nicht, was das ist. Ihr Haar chinchillafarben. Diese erinnerte mich an meinen alten Musiklehrer, der einmal, über Jahre, wenn nicht über Jahrzehnte, der GMD unserer Stadt gewesen, dann aber aus Gründen, die mir nicht bekannt sind, in Ungnade gefallen war und die letzten beiden Jahre bis zu seiner Pensionierung in unserem Grauen Haus einen Teil des Musikunterrichts erteilte. Eine Seele von Mensch. Der Unterricht bei ihm machte Spaß. Wir nahmen auch moderne Sachen durch, Pink Floyd zum Beispiel: Atom Heart Mother. Von den Beach Boys: Good Vibrations. Sein Vater war Lyriker. Einige seiner Gedichte kannst du, liebe Ellen, im Echtermeyer/von Wiese nachlesen. Durch Frau Möllers Haarfarbe abgelenkt, bekam ich nicht allzu viel mit, was Herr Lössel abspulte. Auch interessierten mich seine hasenähnlichen Vorderzähne mehr.

– ... und am Rosenmontag haben wir in unserem Hause frei ... auch sonst fällt ziemlich viel aus, was für Sie Freizeit bedeutet: Elternsprechtage; schriftliches, mündliches Abitur ... Ihr Dienst beginnt um 13.00 Uhr. Sie müssen dann mit mir im großen Speisesaal das Mittagessen der Schüler überwachen.

War wohl der Saal vis-à-vis, mit der grünen Bestuhlung.

– ... müssen Sie Aufsicht im Schulgebäude führen ... fängt die Hausaufgabenbetreuung der externen Schüler an.

Externe Schüler? – Kein reines Internat?

– Ein Kollege von uns beaufsichtigt die externen 5- und 6-Klässler, Jungen und Mädchen gemischt.

Mädchen gab es hier auch.

– Die 7- bis 1o-Klässler sind in der Mädchenaula.
– Die muß ich dann beaufsichtigen, Herr Stößel?
– Lös-sel, Herr Borgentreich! Lös-sel!

Herr Sasse würde besser zu ihm passen, dachte ich. Sein Gesicht strahlte. Herr Lössel war mir unsympathisch. Ein Schleimer.

– Nein, nein, nur, wenn ein Kollege mal nicht kann. In der Regel führt einer unserer gestandenen Kollegen unseres Kollegiums Aufsicht in der Mädchenaula.

Herr Hase gehörte bestimmt zu diesem gestandenen Personal.

– Die Internatszöglinge haben während der Arbeitsstunden der Externen frei.
   – Bis zum Kaffeetrinken um 16.00 Uhr, zu dem Sie selbstverständlich eingeladen sind, Hr. Borgentreich! schaltete sich Fr. Möller ins Gespräch. Auch am Abendbrot nehmen Sie natürlich teil. So, fahren Sie bitte mit Ihren Ausführungen fort, Herr Lössel!

Frau Möller war über und über mit Schmuck behängt. Dicke Perlenketten um ihren faltigen Hals. Schwerkarätige Brillantringe – alte Damen tragen Brillanten oder Diamanten – an den gelblichen Fingern beider Hände. Ihre Fingernägel rot lackiert. Dicke Adern traten auf den Handrücken hervor, umtröpfelten Altersfleckenfelder. Nicht nur die hockende Kinderfigur prüfte mich. Frau Möller verfolgte jede meiner Bewegungen. Mein Blick wechselte ständig höflich zwischen ihr und dem Spulhasen. Ab und zu blätterte Frau Möller in meinen Bewerbungsunterlagen, die sie vor sich ausgebreitet hatte. Sie schien den Zivilisationsstrick an mir heute zu vermissen, der mich auf dem Bewerbungsfoto zierte.

– Ab 16.30 Uhr haben die Schüler des Internats ihre Silentien.

Das große Schweigen.

– Herr Lössel hat für Sie eine Gruppe von Schülern, die Schwächen in Deutsch aufweisen – unser Herr Lössel ist übrigens auch Deutschlehrer wie Sie –,

zusammengestellt, die Sie dann übernehmen und betreuen würden, Herr Borgentreich.
– Die Schüler haben ihre Silentien bis um 18.20 Uhr. Dann gibt es Abendessen und Abendfreizeit bis 19.30 Uhr. Anschließend findet das dritte und letzte Silentium des Tages statt, spulte jetzt Herr Lössel weiter. Dann müssen sich die Schüler bis einschließlich der neunten Klasse bettfertig machen. Für diese Schülergruppen beginnt um 21.00 Uhr die Bettruhe. Die Zehner dürfen noch bis 21.30 Uhr aufbleiben. Für Sie endet dann hier Ihre Dienstzeit, Herr Borgentreich.

Achteinhalb Stunden Dienst täglich. Mehrarbeitszeit von einer halben Stunde täglich. Wie die wohl ausgeglichen würde?

– Um 22.00 Uhr gilt dann auch für die Oberstufe die allgemeine Bettruhe.
– Schon um zehn, entfuhr es mir.
In Frau Möllers Gesicht zuckte es.
– Sie wollen doch auch irgendwann zu Bett, Herr Borgentreich, wenn Sie Nachtdienst haben, oder?
Diesen Satz stieß sie mit vorgeschobenem Kopf und gehobener schriller Stimme aus.
– Nachdienst?! Wann habe ich denn Nachtdienst?
– Von Montag auf Dienstag in den Wochen, an denen am Samstag kein Unterricht stattfindet.
Herr Lössel unterrichtete mich jetzt weiter.
– Haben wir auch samstags Unterricht, was in der Regel alle vierzehn Tage der Fall ist, auch noch von Donnerstag auf Freitag.

Das konnte ja heiter werden. Dafür hatte ich studiert, um hier als Nachtwächter zu fungieren. Meine letzten Nachtschichten hatte ich auf der Hütte während der Semesterferien geschoben. Damals hatte ich dies gern getan. Nachts war am wenigsten zu tun gewesen. Nachts hatte es das meiste Geld gegeben. Nachtschichtzulage, all das Positive, was diese Williamschristbirne und sein Kabinett abschaffen wollten.

– Sie können natürlich zu Bett gehen, wenn alles im Internat ruhig ist. Sie müssen nicht aufbleiben bis zum Wecken.

Sehr beruhigend.

– Der Tag nach den Nachtdiensten ist dann sicherlich frei? Ich kannte solche Regelung von einem Nachbarn. Der arbeitete sieben Nächte hintereinander, hatte dann sieben Tage frei.

– Sie verlassen unser Haus gegen Viertel nach acht / halb neun, wenn die Schüler alle im Unterricht sind, Sie Ihre Kontrollgänge durchs Internat beendet haben, und sind dann um 13.00 Uhr wieder zum Überwachen des Mittagessens mit Herrn Lössel zur Stelle, Herr Borgentreich! Herr Lössel hat Ihnen soweit die Modalitäten mitgeteilt. Sie können sich bis übermorgen überlegen, ob Sie den Ihnen von mir angebotenen Arbeitsplatz als Erzieher in meinem Haus annehmen wollen. Rufen Sie mich bitte an, und teilen Sie mir Ihren Entschluß mit. Sie können dann am Montag, dem 21., hier anfangen, wenn Sie sich positiv entscheiden sollten.
– Wie? Gibt es denn keine weiteren Interessenten außer mir, die Sie in die engere Wahl gezogen haben?

Im allgemeinen war es doch wohl so, daß nach der Vorstellung verschiedener Kandidaten intern entschieden und schriftlich unterrichtet wurde.

Frau Möller sah ihren Herrn Lössel an.
– Ich bin diese Vorstellungsgespräche leid, nicht wahr, Herr Lössel.
– Ja, Frau Möller. Herr Borgentreich! Sie scheinen uns der richtige Mann für diese Aufgabe zu sein. Frau Möller und ich haben uns entschieden. Sie sind unser Mann, wenn Sie zusagen. Sie werden das schon schaffen. Man braucht gut ein Jahr, um ein guter Erzieher zu werden. Sie werden das schon schaffen, da bin ich mir ganz sicher. Für Sie kann dies hier im Hause Möller eine Lebensstellung werden.

Lebensstellung. Wie hörte sich dieses Wort aus Bunnys berufenem Munde an? Hatte mir noch keiner zuvor geboten. Immer nur Zeitverträge. Befristet. Warum nicht? Vielleicht bestand nach ein paar Jahren die Möglichkeit, ins Lehrerkollegium überzuwechseln, wenn ich mich bewähren würde.

– Herr Borgentreich, Sie werden in meinem Hause nicht als Lehrer, sondern als Erzieher angestellt. Darauf möchte ich Sie hiermit nochmals gesondert hinweisen. Ihre Bewerbungsunterlagen können Sie dann ja wieder mitnehmen.
– Wieder mitnehmen?! Nicht doch, Frau Möller. Die gehören doch zur Personalakte.
– Ach ja, Herr Lössel. Wenn ich Sie nicht hätte in diesen schweren Zeiten.
Frau Möller erhob sich, reichte mir die Hand.

– Was mich noch am Rande interessieren würde, Frau Möller, wenn ich fragen darf, wie hoch wird mein Gehalt sein?
– Ihr Gehalt? Ach ja, DM 2700,– pro Monat.
– Netto?
– Brutto selbstverständlich. Wo denken Sie hin, Herr Borgentreich. Wir sind hier kein Wohlfahrtsinstitut. Sie werden nicht als Lehrer, sondern als Erzieher bezahlt.

Ich schluckte. Ich würde bestimmt tausend Mark Abzüge haben.

– Ist das etwa kein Geld, Herr Borgentreich? Unser Herr Funkelt, der kurz vor den Sommerferien in meinem Hause angefangen hat, bekommt auch nicht mehr. Nicht wahr, Herr Lössel?
Herr Lössel nickte geflissentlich.
– Ist den Herr Funkelt in meinem Alter, wenn ich fragen darf?
– Wie alt ist Herr Funkelt, Herr Lössel; aber, was soll diese Frage, Herr Borgentreich? In meinem Haus werden alle gleich behandelt. Wenn Ihnen das Gehalt zu wenig erscheint, es warten genug, die diese Stelle hier gerne annehmen werden.
– Ach, Frau Möller, ich habe noch etwas auf dem Herzen.
– Was denn noch, Herr Borgentreich?
– Ich, äh, möchte mein Anglistikstudium noch zu Ende bringen.
– Brav, Herr Borgentreich, brav. Sie erhalten von meiner Seite jegliche Unterstützung bei Ihren Weiterbildungsmaßnahmen.

– Da wirst du im Monat rund DM 1700,– Mark gehabt haben, Helmut.
– Und ein paar Pfennige. Die schlugen vor allem im Januar voll zu Buche, nach der neuen Steuerreform unseres Herrn Stoltenberg. Eine Flasche billigen Wodkas vom Aldi war jetzt echt mehr drin im Monat, Ellen.
– Was war denn mit den Zulagen für Überstunden, Nachtschichten? Wenn ich Nachtdienst mache, sind so knapp zweihundert Mark Cash in der Kasse.
– War schon alles in meinem fürstlichen Gehalt enthalten, und in den langen, langen Ferien, die nicht zu vergessen. Die Ferien haben mich auch irgendwie breitgeschlagen, über die Realität hinweggetäuscht. Gegen meine schlappen zweihundertfünfzig und ein paar Zerquetschte Alhi waren 1700 Mark ja auch nicht zu verachten. Außerdem die Hoffnung, vielleicht doch mal ins Gymnasium überwechseln zu können. Wenn man erst mal im System drinsteckte, vielleicht konnte man dann etwas machen.

– An diesem Beispiel, Helmut, sieht man wieder, daß die heute, bei der jetzigen Arbeitsmarktlage, gerade mit euch Lehrern machen können, was sie wollen. Ist doch wohl ein Witz, daß die Alte dich verabschieden wollte, ohne dir dein Gehalt genannt zu haben. So was habe ich ja noch nie gehört.
– Wenn man reichlich hat, Ellen, ist solch eine geringe Summe nicht mehr der Erwähnung wert.
– Du hast dann zugesagt?!
– Ich habe lange mit Sandrina die Vorteile dieses hohen Verdienstes, die extrem lange Ferienzeit durchdiskutiert. Am Donnerstag rief ich aus Köln bei Frau Möller an.

Die Zusage

Am Donnerstag war ich morgens früh nach Köln gefahren, weil ich bei einem Freund, dem ich in der Woche zuvor seine Wohnung tapeziert hatte, noch ein Zimmer streichen mußte.

Die Sekretärin, Frau Schwarzwald, eigentlich Fräulein Schwarzwald – so steht jedenfalls auf einem Emailschild am Kopfe ihres überdachten Parkplatzes im Internatsbereich –, meldete sich und verband mich dann weiter.
– Ja, bitte.

Wie ich das hasse.

– Hier ist Borgentreich, Helmut Borgentreich. Frau Möller? Meine Verlobte und ich haben uns Ihr Angebot reiflich überlegt. Ich möchte es annehmen. Ich möchte die Stelle als Erzieher gerne am nächsten Montag bei Ihnen antreten.
– Dann kommen Sie doch bitte am Montag gegen 12.30 Uhr. Herr Barthel, unser Heimerzieher, wird Sie dann durch unser Haus führen und Sie einweisen.
– Gut. Also bis Montag, Frau Möller.
– Sie kommen doch bestimmt, Hr. Borgentreich?
– Würde ich Sie sonst jetzt anrufen, Fr. Möller?!
– Also gut, Herr Borgentreich, bis Montag.
– Bis Montag, Frau Möller, und Ihnen ein schönes Wochenende.

– Soweit die Vorgeschichte zu meinem Leben als Erzieher, liebe Ellen. Ich sehe, die Durchziehzeit für meinen Kleber ist rum. Wenn ich ihn heute noch verarbeiten will, muß ich jetzt ran.

– Ich will dich nicht von deiner Arbeit abhalten, sonst sind Wibke und Jörg nachher noch sauer, wenn sie nach Hause kommen und ihr Balkon ist nicht fertig.
– Das dürfte wohl nicht das Problem sein. Was ich versprochen habe, versuche ich zu halten.
– Dein weiterer Werdegang im Internat Dr. Möller würde mich dennoch interessieren, Helmut.
– Vielleicht finden sich bald mal Zeit, dir weiter zu berichten, Ellen.
– Also, bis dann, Helmut. Ich will so langsam das Mittagessen richten und dann unsere Tochter aus der Schule holen.

Helmut Borgentreich legt sich die Fliesen zurecht, rührt mit der Kelle den Kleber kräftig durch; sahnig und geschmeidig zieht er sich langsam von der Kelle in den Eimer. Er besitzt jetzt die richtige Konsistenz; so läßt er sich ideal verarbeiten.

Helmut Borgentreich legt mit der Kelle Kleber auf die Balkonbrüstung, zieht diesen mit dem gezähnten Glättspan, dem Zahnglätter, auseinander, nimmt eine Kantenfliese in die linke Hand, häufelt in den 90-Gradwinkel der Unterseite zusätzlichen Kleber und drückt sie dann auf der Brüstung an. An manchen Ecken quitschen kleine Klebewürstchen hervor, die er mit seiner Kelle entfernt. An der Balkonaußenseite der Brüstung muß er Kleber unterfüttern, da hier die Balkonkante nach unten hin abgeflacht ist.

Die Balkonbrüstung ist nicht allzu lang. Sieben Fliesen sitzen bald an ihrem Platz. Eigentlich eine Spielerei bei diesem herrlichen sommerhaften Frühlingswetter. Für eine ganze achte reicht der Platz nicht mehr.

Helmut Borgentreich legt die Fliese auf, markiert mit einem Bleistift das abzusägende Stück. Ein gutes Viertel. Bei diesen Steingutkantenfliesen kann er mit dem Fliesenschneider nichts ausrichten, auch nicht mit einem Trennjäger. Die Fliese bricht, wo man es nicht haben will. Die Eckfliesen müssen mit einer Spezialsäge naß gesägt werden. Solch ein Gerät besitzt der arbeitslose Hobbyfliesenleger natürlich nicht.

Auf der anderen Seite des Balkons, wo er zu Anfang das störende Blechstück weggeschnitten hatte, verfährt er dann genauso, wie zuvor beschrieben.

Für drei Fliesen reicht der Kleber noch. Er verbraucht ihn, bringt die drei Fliesen an und macht sich dann mit den beiden Kantenfliesen auf den Weg in das Fliesenfachgeschäft, in dem Wibke diese gekauft hatte, um sie dort auf Maß zusägen zu lassen. Helmut Borgentreich geht davon aus, daß sie dort solch eine Säge haben. Gehört zum Kundendienst, denkt er sich.

Auf dem Weg dorthin muß er ein Stück auf der Straße fahren, die, in entgegengesetzter Richtung, bis vor kurzem ein Teil seines Dienstantrittweges zum Internat Dr. Möller war.

Der erste Arbeitstag

Am 21. September war er diesen gegen 12.00 Uhr gefahren. Gegen 12.30 Uhr empfing ihn Herr Lössel im Sekretariat. Herr Weihrauch, der Buchhalter, der Herr im dunklen Anzug, überreichte ihm einen Generalschlüssel, dessen Empfang er zu quittieren hatte.

Herr Lössel führte ihn durch die ihm schon bekannte marmorverkleidete Großhalle. Die kleine blieb links liegen. Der hockende Knabe schaute nicht in ihre Richtung. Herr Lössel schloß eine Doppelglastür auf, hinter ihnen wieder zu. Sie hatten den Marmorbereich verlassen. Die Umgebung änderte sich schlagartig. Kein Marmor mehr, jetzt gelbliche Fliesen, sein Metier, älter, als die in vielen Sozialwohnungen üblichen der fünfziger/sechziger Jahre, leicht gesprenkelt, bis in Schulterhöhe an den Wänden; auf dem Boden rötliche.

Auf der linken Seite des nun beginnenden langen Ganges offenstehende Türen. Zweimannzimmer. Ein Gong an der Wand. Oben rechts durchschlagen. Gegenüber eine hölzerne Doppelschiebetür, durch die es zum Speisesaal ginge, wie Herr Lössel bemerkte, was er sich gedacht hätte, wegen des Gonges, entgegnete er, worauf Herr Lössel meinte, hier links wären die Toiletten, gegenüber unser Trimmraum. Offenstehende Glastüren, Treppenhaus rechts, erneut Glastüren. Rechts dann der Computerraum. Wieder eine Glastür. Dann:

– So, hier links sind Wasch- und Duschraum sowie Toiletten, und hier rechts befindet sich ab heute auch Ihr Dienstzimmer. Sperren Sie es mal auf!

Er tat dies. Rechts ein Tisch mit zwei skailederbezogenen Sesseln, ein Minischreibtisch vor dem Fenster, davor ein grüner Schreibtischsessel, Ausführung nach den neusten Sicherheitsbestimmungen: fünf Rollbeine. Ein Aktenschrank an der linken Zimmerseite, farblich passend zum Minischreibtisch, Eiche rustikal, Furnier selbstverständlich, darauf eine Petroleumlampe, gefüllt, eine Flasche mit Mineralwasser, unverkennbar Marke Aldi, Einwegexundhoppflasche, Bücherregale mit allen möglichen Utensilien darin, auch Büchern, ein Waschbecken mit Kernseife – Goldstück, zwei Stück fünfundachtzig Pfennig – und ein Blechkasten, weißgrau, mit Einmalpapierhandtüchern, grün, ein Handtuchhalter, ohne, zwei Kalender: einer mit einem roten Kreismagneten, schwarz, einer von der Allianz – hoffentlich –, Steckkalender in Blautönen.

Die Tür ging auf.

– Heinz-Hermann! Das ist unser Herr Borgentreich, unser neuer Erzieher, unsere Verstärkung. – Herr Barthel!

– Angenehm, Borgentreich.

– Sehr erfreut, Barthel.

– Nach dem Mittagessen wird Ihnen Heinz-Her..., äh, Herr Barthel das Internat und das Schulgebäude sowie das gesamte Internatsgelände zeigen.
Kurz vor dreizehn Uhr öffnete sich erneut die Dienstzimmertür. Ein junger Mann, Ende zwanzig, schätzte er, ohne Schlips, dafür mit Glatze, fast, trat ein.
– Das ist unser Herr Funkelt, von dem Sie schon während unseres Vorstellungsgespräches gehört haben.
Herr Funkelt reichte ihm die Hand.
– Angenehm, Borgentreich.
Herr Barthel, natürlich wie Herr Lössel in Anzug und Schlips, beides braun, schaute auf die Uhr, mahnte zum Aufbruch.
 Zu viert gingen sie zurück zum Gong. Schüler strebten ebenfalls dem Speisesaal zu. Einige warteten schon unterhalb des Gonges. Alles musterte ihn aufmerksam. Herr Barthel schloß die Türen zum Speisesaal auf, schob sie ein paar Millimeter auseinander, spähte durch den entstandenen Schlitz; Küchen- und Speisesaalgeruch. Helmut Borgentreich erinnerten diese stark an sein dreimaliges Essen in der Mensa während seines Studiums. Es schien alles in Ordnung zu sein. Herr Barthel schob die beiden Türen jetzt ganz auseinander. Sie strebten in den Speisesaal. Ein Sextaner haute plötzlich wie verrückt auf den Gong ein. Borgentreich hielt sich die Ohren zu, aus verständlichen Gründen. Herr Barthel und Herr Funkelt bogen nach links, stiegen eine Treppe hinunter, von einer Schar junger Schüler verfolgt. Jüngere und ältere Mädchen und Jungen reihten sich hinter den grünen Stühlen an den Tischen auf. Helmut Borgentreich ging ganz ans andere Ende des Speisesaals, stellte sich vor eine eichene Anrichte. Er erkannte das Sonnensymbol des Hakenkreuzes als Schnitzerei auf zweien der Türen, die Haken, alle vier in ihrer Wölbung einen nicht geschlossenen Kreis bildend. In einem riesigen Zinnkrug stand ein trockener Herbststrauß. Mittlerweile schienen alle Schülerinnen und Schüler eingetrudelt zu sein. Freie Teller und freies Besteck gab es nicht mehr. Unruhe herrschte. Alle Köpfe waren natürlich in seine Richtung gedreht, auch von denen, die ihm von ihrer Stehordnung her den Rücken zukehrten. Es wurde getuschelt. Irgend jemand murmelte dann plötzlich etwas, was im Lärm des danach allgemein beginnenden Stühlerückens und Sich-Hinsetzens unterging. Das Gemurmel schien von unten gekommen zu sein.
 Plötzlich wurde es still, mucksmäuschen.
 Helmut Borgentreich sah Frau Möller den Speisesaal betreten. Er blieb an der Anrichte stehen. Sie kam auf ihn zu.
– Bleiben Sie hier nicht so verwurzelt stehen, Herr Borgentreich! Gehen Sie durch die Reihen! Nehmen Sie teil!
 Er kam Frau Möllers Aufforderung nach. Den Schülern schien es nicht recht zu schmecken. Viele Teller wurden unbenutzt zusammengestellt. Gegen 13.15

Uhr meldeten sich an jedem Tisch eine Schülerin, ein Schüler. Herr Lössel gab ein Handzeichen, ein Kopfnicken; Zeichen, daß abgeräumt werden durfte. Die jeweiligen Tischdienste kamen zur Hakenkreuzanrichte, stellten die Teller zu Stapeln auf einen Wagen vor einer Durchreiche. Besteck wurde sortiert in einen zweigeteilten roten Plastikeimer geworfen; Essensreste, jede Menge Spiegeleier, Spinat – wohl ohne den Blubb – wurden von den Tellern in einen bereitstehenden alten Mayonnaiseeimer geschoben, der sich rasch füllte. Die Tischdienste gingen, nachdem sie ihn jetzt aus der Nähe hatten mustern können, an ihre Plätze zurück, setzten sich wieder, bis alle fertig waren und Herr Lössel tischweise, erst die Schülerinnen, dann die Schüler aufstehen und ausrücken ließ, wonach er dann selbst durch eine Tür in die Küche verschwand.

Helmut Borgentreich hatte seine erste Speisesaalüberwachung hinter sich gebracht, die Führung mit Herrn Barthel noch vor sich.

Im Fliesenfachgeschäft schneiden sie ihm die beiden Fliesen anstandslos auf entsprechende Maße. Zu zahlen hat er nichts. Kundendienst. Wovon er ausgegangen ist. Man hofft, er kommt wieder.

Er fährt zurück, wieder ein Stück auf zuvor erwähnter Straße, diesmal jedoch in anderer Richtung.

Helmut Borgentreich ärgert sich, daß die Stadt im Zuge einer Straßenverbreiterung die vielen alten, dicken, mehr als achtzig Zentimeter Umfang messenden Kastanien, die bis vor kurzem hier noch als Lunge gestanden hatten, hatte fällen lassen, obwohl die Satzung der Stadt dies eigentlich nicht gestattete.

Der Bequemlichkeit des Menschen, seinem Moloch wird seine Umwelt geopfert.

– Kommen Sie, Herr Borgentreich. Ich will Ihnen jetzt alles zeigen.
Es gab viel zu sehen, aber nichts Überwältigendes.
Die Flure sahen überall aus wie im Parterre, nur andersfarbig. Die Zimmer in der dritten Etage, durchweg Zweibettzimmer, waren gemütlicher, da Dachschräge. Das Domizil der Abiturienten. Man merkte, daß das Gebäude sein Alter hatte. Neu waren eigentlich nur die Glastüren; Brandhemmtüren, auf Anordnung der Feuerwehr eingebaut worden. Ein paar Isolierfenster hier und da. Hinter den Glastüren hingen rote Kästen zur Feuerlöscheraufbewahrung.

Auf Helmut Borgentreich machte Herr Barthel einen angenehmen Eindruck. Schien ganz umgänglich zu sein. Nicht so ein Schleimtyp wie Bunny Lössel. Jugendlich. Gegen fünfzig, schätzte er. Haarbüschel wuchsen kräftig aus seinen Ohren. Auf der sommersprossigen Nase komischerweise keine. Helmut mußte sich seine drei, vier Nasenhaare jede Woche einmal abrasieren. Herr Barthels Atem dünstete starke Nikotinschwaden aus. An seinen Füßen trug er Sandalen.

Zum Kaffee, zu dem Helmut Borgentreich von Frau Möller eingeladen worden war, gab es Kakao und Kuchen. Er trank seinen Viertelliter, bevor die Schüler den Speisesaal betraten. Als Kuchenfreund wollte er sich nicht bezeichnet wissen. Es erschienen nicht viele Schüler, trotz der Gongwellen, die sich durchs Haus verbreitet hatten.

– Nach dem Kaffee gehen Sie dann erst einmal mit in meine Arbeitsstunden! Ihre Gruppe bekommen Sie dann vielleicht in der nächsten Woche.

Es waren die Kleinen, die Herr Barthel zu beaufsichtigen hatte, denen er mit Rat und Tat zur Seite stand.

Herr Borgentreich wurde den 5- bis 7-Klässlern vorgestellt.

Die zwei Stunden bis zum Abendbrot vergingen im Fluge. Alle Schüler hatten Fragen an ihn, wollten sich kaum von Herrn Barthel helfen lassen.

Um 18.15 Uhr ging man zum Speisesaal. Das obligatorische Gongen ertönte.

Links vom Eingang war für drei Personen gedeckt.

– Nehmen Sie dort Platz, Herr Borgentreich!

– Muß ich denn nicht mit aufpassen, Herr Barthel?

– Nur mittags; abends ist das Aufgabe von Herrn Lössel und mir.

Helmut Borgentreich setzte sich vor Kopf.

Die Schüler strömten. Herr Funkelt kam, setzte sich zu ihm, schenkte ihm aus einer großen Metallkanne Tee – Hagebutte – ein. Wenig später erschien noch ein Herr. Der setzte sich auch an ihren Tisch. Herr Funkelt stellte vor.

– Herr May. Herr Borgentreich!

Die Mehlpfannekuchen, die schon auf den Tischen standen, als er den Speisesaal betreten hatte, waren mit Gelee gefüllt und fast kalt.

– Wie war´s bis jetzt, Herr Borgentreich?

– Kann ich noch nicht sagen, Herr May. Die Kleinen des Herrn Barthel haben mich eifrig mit Fragen und Kontrolle ihrer angefertigten Hausaufgaben gelöchert. Hat mir Spaß gemacht.

Ein Trillerpfeifenpfiff.

Helmut Borgentreich schreckte zusammen.

Herr May und Herr Funkelt schienen ihm für einen kurzen Augenblick etwas lange Gesichter machen zu wollen.

44

Es ertönte wieder wie mittags das Deo oder so aus Herrn Lössels Hasenmund, diesmal jedoch aus der Mitte des oberen Speisesaals, dann wieder Gemurmel, Stühlerücken, Füßescharren, die üblichen Essensgeräusche.
– Bis vor noch nicht allzu langer Zeit haben wir Lehrer / Erzieher abends im kleinen Speisesaal hinter der Küche gegessen;

War wohl dort, wohin Mister Bunny heute mittag verschwunden war.

Frau Möller fiel dann ein, daß in den Gründerjahren dieses Hauses alle zusammen gegessen hatten. Lehrer, Erzieher, Schüler.
– Finde ich gar nicht so schlecht, die Idee, Herr May. Wenn man schon den ganzen Tag mit den Schülern zusammen ist, warum dann nicht auch wenigstens zu einer Mahlzeit.

Im Anschluß an das Abendbrot zeigte Herr May Helmut Borgentreich den hausinternen Sportplatz. Dieser wurde weidlich zum Fußballspielen genutzt. Zwei Einsame drehten Runde um Runde. Mehrere spielten Einkorbbasketball.
Auch das letzte Silentium verlief störungsfrei. Einige der Kleinen hatten schon ihre Nachtpolter an.
Von halb neun bis gegen zehn vor neun gingen die drei Erzieher durchs Internat, treppauf und -ab, schauten in alle Zimmer, ermunterten die Schüler, die es betraf, sich zum Schlafengehen zurechtzumachen.
Um 20.49 Uhr drückte Herr Barthel in der kleinen Marmorhalle auf einen Klingelknopf, Signal für die Schüler bis einschließlich neunter Klasse, sich nur noch auf ihren Zimmern aufzuhalten.
Um 20.58 Uhr erneuter Klingeldruck des Herrn Barthel.
Türen auf – Gute Nacht – Licht aus – Türen zu.
Herr Funkelt arbeitete sich Herrn Barthel und Herrn Borgentreich entgegen. Irgendwo im Haus traf man einander, gab sich die Türklinke in die Hand.
Um 21.10 Uhr war das Gutenachtsagen beendet. Für Herrn Funkelt und Herrn Borgentreich stand der Feierabend vor der Internatstür. Herr Barthel hatte Nachtdienst, rauchte im Dienstzimmer, wo sie zu dritt saßen, vier Zigaretten, während er etwas über seinen letzten Urlaub in der Türkei erzählte, schaute nach jeder ausgedrückten Zigarettenkippe auf seine Quarzuhr, um um Punkt 21.30 Uhr seine beiden Erzieherkollegen zu verabschieden.
Herr Funkelt schloß auf und zu. Der hockende Knabe schlief unter künstlichem Licht. Herr Funkelt drückte auf Knöpfe, um das elektrische Rolltor des Einganges zu öffnen. Er verschloß es auch wieder, nachdem er Herrn Borgentreich hatte das Internatsgelände verlassen lassen, mit dem Generalschlüssel ein Schloß hinter einer kleinen Klappe im Natursteinpfeiler betätigend.

Die ersten achteinhalb Stunden im Dienste des Hauses Dr. Möller, respektive Frau Möller, lagen hinter Helmut Borgentreich. Wie viele er noch vor sich haben würde, wußte er nicht. Er wußte ja auch zum Glück nicht, wann er würde sterben müssen.

Kurz vor Zehn war Helmut Borgentreich zu Hause. Die »Tagesthemen« würde er sich noch anschauen.

Helmut Borgentreich mischt neuen Kleber an, ausreichend für die restlichen vier Fliesen sowie die beiden abgesägten Dreiviertelfliesen. Ellen ist nicht auf dem Balkon. In der Küche hört er sie auch nicht hantieren.

Im Verlauf seines zweiten Diensttages hatte Herr Barthel ihn gefragt, wann er denn mit ihm Nachtdienst schieben wolle. Helmut hatte zuerst ganz ungläubige Augen bekommen – für ihn als Atheisten ein eigentlicher Normalzustand –, in Herrn Barthels Augen aber abgelesen, daß die Frage kein Scherz gewesen war. Er wolle diesen Punkt mit seiner Lebensgefährtin besprechen, hatte er gemeint. Zweimal diese Woche sei natürlich zur Probe noch besser als nur einmal.

Sandrina und er hatten sich auf Mittwoch und Freitag, Herrn Barthels Nachtdiensttage, einigen können.

In Helmuts zweiter Dienstwoche wurden die Schüler getäuscht. Sie wußten, daß er am Montag mit Nachtschicht dran war, weil dies bei seinem Vorgänger auch so gewesen war. Seinen ersten Nachtdienst allein hatte er dann aber von Dienstag auf Mittwoch.

Seine Nacht verlief ruhig, wider Erwarten.

Schon um 23.20 Uhr lag er in seinem Dienstbett, hatte seinen Wecker auf 05.35 Uhr gestellt – die beiden Male mit Herrn Barthel war er schon immer vor fünf aufgestanden – , hatte aber keinen tieferen Sinn darin erkennen können.

Einige Schüler hatten sich abends beim Gutenachtwünschen bei ihm gemeldet und ihn gebeten, er möge sie doch um sechs Uhr wecken, damit sie noch warmes Duschwasser ergatterten. Er hatte sich die Zimmernummern notiert, sich die Liegeorte der Frühaufsteher gemerkt.

Sein Wecker weckte ihn, er stand auf, wusch und rasierte sich, putzte sich die Zähne, zog sich an, machte seinen ersten Kontrollgang, bei dem die Glastüren zwischen Internat und Schulgebäude zu verschließen waren, die er nachts zuvor hatte aufschließen müssen, um weitere Fluchtwege bei Katastrophen zu haben. Keine Toilette war verstopft, kein Feuerlöscher mißbräuchlich benutzt worden, keine Glassplitter von heruntergeworfenen Flaschen lagen auf dem Hof, der Garagenzufahrt, ebenso keine Klopapierrollen.

Nachdem er die wenigen Schüler geweckt hatte, schloß er die Speisesaaltür um kurz nach sechs auf und ging durch die Küche zum Frühstück.

Frau Klotz, die Zugehfrau von Frau Möller, begrüßte ihn. Der Kaffeetisch war gedeckt. Das in der Woche zuvor erwähnte Spiegelei gab es nicht. Es würden keine Extrawürste gedreht, hatte Frau Möller angeordnet. Entweder gekochtes oder gar kein Ei. Dies erfuhr er jetzt aus Frau Klotzens Mund.

Gekochte Eier mochte Helmut Borgentreich nicht sonderlich gern, schon gar nicht hartgekochte. Er war der Ansicht, daß die Zubereitung eines Spiegeleies weniger Zeit und Aufwand in Anspruch nahm als die eines gekochten. Der Zeitpunkt zwischen weich / mittel / hart war genau abzupassen, das Ei mußte abgeschreckt werden; zuvor eingestochen, damit es nicht platzte.

Da er aber grundsätzlich auf sein morgendliches Nachnachtdienstei nicht verzichten wollte, bestellte er ein weichgekochtes, denn ausbezahlt bekam er das Geld für die nicht verzehrten Eier am Monatsende sicherlich nicht.

Um zwanzig nach sechs war er mit seinem ersten alleinigen Nachnachtdienstfrühstück – weichgekochtes Hühnerei, von Frau Klotz nachträglich gekocht, echter Bohnenkaffee, Wurstaufschnitt, zwei Brötchen, deutsche Markenbutter – fertig, und er ging, bevor er weitere Kontrollgänge zu erledigen, diverse Türen aufzuschließen, den Gonger vom Dienst fünf Minuten früher als die anderen zu wecken hatte, in Richtung seines Zimmers, um sich erneut die Zähne zu putzen.

Schon von weitem hörte er es rauschen, sah dann, auf dem Flur des ersten Stockes angekommen, eine Wasserflut sich über den Gang ergießen. Mit wenigen Sätzen war Helmut Borgentreich im Wasch-, dann Duschraum, aus denen die Wassermassen quollen. Sämtliche fünf Duschen liefen auf Hochtouren, aus einem Kran, wohl für die Putzfrauen zum Wasserholen installiert, ergoß sich ein mittlerer Wildbach, den Fällen bei Triberg nicht unähnlich.

Schuhe, Jacket, Haare, Hose zum Teil wurden beim Abdrehen dieser Wasserfälle naß. Er riß den in den Abfluß gedrückten Aufnehmer aus dem Gully, so daß ein Teil des noch strömenden Wassers über seinen gewohnten Weg ablaufen konnte.

Sein Zimmer, das dem Duschraum gegenüber lag, stand teilunterwasser.

Junge Internatszöglinge aus Herrn Barthels Gruppe, die in den Zimmern nebenan schliefen und jetzt auf dem Flur rumsprangen, spannte er zum

Trockenlegen der Nilfluten ein, nachdem ihm ein Schüler verraten hatte, wo Eimer, Aufnehmer, Gummiflitsch zu holen waren.

Zum Wecken des Gongers stand er pünktlich vor dessen Bett. Beim offiziellen Wecken des Internats um 06.45 Uhr waren die Spuren der Springflut so gut wie beseitigt; lediglich ein Badewannenvorleger, der vor seinem Bett für warme Nacktfüße Sorge tragen sollte, war zu trocknen.

Die zuständige Putzfrau dieser Etage hatte sich nur, bei seinem Rapport, über den ungewöhnlich sauberen Zustand dieses Flurteils gewundert.

Die restlichen Fliesen sind schnell verlegt. Es sieht nicht nach Regen aus. Wahrscheinlich. Morgen will er die Zwischenräume der Fliesen verfugen, was er auch jetzt schon könnte, ihm aber nicht fachmännisch erscheint, da der Kleber noch nicht richtig angezogen hat.

Kurz vor zwölf ist er fertig. Auf Wibke will er nicht mehr warten.

Um 12.55 Uhr wird der zum Glück für diesen Tag letzte Reklameblock im WDR II ausgestrahlt werden. Danach kann er wieder normal Radio hören. Darauf freut sich Helmut Borgentreich.

Bevor er geht, sieht er die WR auf dem Eßtisch liegen. Er braucht also nicht bis zum späten Nachmittag zu warten. Vielleicht würde er es bis dahin auch vergessen haben. Helmut Borgentreich blättert die Zeitung durch.

Da steht's! Unter der AP-Meldung aus Hamburg mit dem Titel »Nur jeder dritte Zuschauer sieht wirklich fern!« liest er: »55 Prozent der Zuschauer versuchten, den Werbespots durch den Druck auf die Programmtaste zu entgehen: Sie wechseln per Knopfdruck ins andere Programm. Noch ein Ergebnis: Die Zuschauer finden Werbung offenbar schwer verdaulich. Bei Werbespots essen nur zwölf Prozent nebenher, bei redaktionellen Beiträgen 14 Prozent.«

Was für diese für die BRD nicht repräsentative Umfrage im Großraum Stuttgart für das Fernsehvorabendprogrammverhalten von 17.30 bis 20.00 Uhr gilt, gilt für den WDR-Hörfunksendebereich erst recht, meint Helmut.

Wibke und Jörg schreibt er eine Notiz.

»Habe Euren Schlüssel mitgenommen. Komme morgen zum Verfugen.

Gruß

Helmut«

Wieder zu Hause hat er noch eine halbe Stunde Zeit bis zu den 13.00-Uhr-Nachrichten.

Deshalb setzt er sich noch auf den Balkon, in der Erinnerung daran, daß es, obwohl erst April, in der letzten Woche sommerlich warm gewesen ist.

Ihm fällt ein, daß er den Dicken, während des Gehens »Tom Prox«-Lesenden, schon lange nicht mehr gesehen hat.

Hauptsache, der liest, sagte Helmut sich immer, denn, wer liest schon?! Durch Lesen, und seien es nur Schmöker, prägt sich die Schreibe ein. In den wenigen Monaten seiner lehreraktiven Zeit hatte er dies seinen Schülern immer wieder gepredigt.

Für die Bildzeitung kann man dies wohl negieren.

Es hatte ihn gewundert, daß es nicht diese war, die der Dicke auf seinem Spaziergang vor sich hielt. Wäre ja aber auch zu unhandlich. So ein Heftchen ist da wesentlich ökonomischer. Zum Abkleben der Autofenster, bevor es lackiert wird, ist sie am besten zu gebrauchen, da großformatiger als Tageszeitungen.

Als Schüler hatte er auch Heftchen verschlungen. Zuerst im An- und Verkauf für einen Groschen das Stück, später dann am Kiosk für zuerst siebzig Pfennige, dann in den Jahren mit den üblichen Preissteigerungsraten gekauft. Beim An- und Verkaufhändler ist er aber immer wieder gewesen, um seine Wyatt-Earp-Sammlung zu komplettieren.

Den gibt's immer noch. Nur für die Heftchen wird er jetzt mehr als nur zehn Pfennige verlangen. Im Kiosk befindet sich jetzt eine Kleintierhandlung.

Gut zwei Stunden hatte er für die Lektüre dieser in der Regel 62 Seiten benötigt. Er sollte mal ausprobieren, wie lange er heute dafür benötigen würde. Die Hefte lagen noch irgendwo in der Garage – in einem Karton? – sorgfältig nach wöchentlichem Erscheinen sortiert.

Im Gehen ginge es bestimmt langsamer. Wie schnell der Dicke mit den Seiten fertig wurde, wußte er nicht.

Die »Jukebox« mit seinem Fiffi kam überhaupt nicht mehr vorbei. Entweder war der Fiffi eingegangen, oder der junge Mann mit oder ohne Hund verzogen, beschallte jetzt auf anderem Gassigehweg andere Anwohner mit Heino & Co.

Von der kleinen Drallen, meist in grünem Rock, die ihren Bello häufig direkt vor dem Eingang zum Sechsfamilieneigentumswohnungshauses sein Geschäft verrichten ließ, wo hinein auch Helmut schon, trotz konzentrierten

Stelzens um die Kothaufen und -häufchen, getreten war, und die dann, als er, ein solches beobachtend und an die Scheibe des Küchenfensters klopfend, den nicht eben harten Kot mit ihrem rechten weißen Schlipper in den Rinnstein bugsiert hatte, was ihn mit äußerster Freude erfüllte, hatte er gedacht, die sei verstorben, bis er sie dann, nach Monaten, zufällig auf dem Wochenmarkt erspähte, ohne ihren Bello.

Vielleicht dürfen Hunde ja nicht mit auf Wochenmärkte geführt werden.

Durch das klingelnde Telefon wird Helmut Borgentreich aus seinen Gedanken aufgeschreckt. Er verläßt den Balkon. Ihm ist kalt geworden.
   Eine piepsig quäkige Stimme am anderen Ende der Leitung.
   – Hallo, hier ist Barbara Kalk. Ich soll dir schöne Grüße von Bettina bestellen.
   Die Stimme gleicht der einer seiner ehemaligen Nachhilfeschülerinnen – wie war noch ihr Name – Inge? –, der er über Jahre im Englischen sporadisch – kontinuierlich – wenn Frau in Not – geholfen hatte.
   – Bist du es, Inge?
   – Ich bin Barbara. Barbara Kalk. Ich rufe aus W'tal an. Schöne Grüße von Bettina.
   Jetzt klickt es bei Helmut. Bettina Ski. Eine der drei, vier Frauen aus seiner Referendariatszeit, denen gegenüber er nicht abgeneigt gewesen wäre.
   – Ach, Bettina! Wie geht's der denn?
   – Bettina ist schon wieder seit ein paar Tagen krank. Deswegen rufe ich dich auch an. Ich habe es schon öfter probiert.
   – Bin selten zu Hause.
   – Das habe ich gemerkt.
   – Worum geht es denn?
   – Ich habe denselben Seminarleiter in Deutsch bekommen, den ihr damals hattet.
   – Ach, Ernest Hemingway. Der ist wieder auf euch arme Referendare losgelassen worden?!
   – Wer?
   – Na, Hemingway! Seit ich Herrn Scheunemann zum ersten Mal gesehen, war der für mich Hemingway.
   – So?! Ist mir noch gar nicht aufgefallen.
   – Vielleicht solltest du ihn dir mal genauer anschauen. Die Stoppelhaare, grau, der Bart. Ob Hemingway allerdings Pfeife geraucht hat? Ich glaube, eher

Havannazigarren. Der hat seine »Schüler« auch nicht mit Formalien gelangweilt, sondern mit kurzen, knappen Sätzen abgespeist. Scheunemanns Bohnensuppe war natürlich einsame Spitze, obwohl Hemingway Chili con carne auch nicht fremd gewesen sein dürfte.
– Ihr habt doch beim Scheunemann »Reklame« von Ingeborg Bachmann durchgesprochen?!
– Durchgesprochen ist gut. Wollten wir. War geplant gewesen. Sind aber vor lauter Besuchsterminplanungen nicht dazu gekommen. Gerade mal, daß wir das Gedicht haben anreißen können.
– Ich habe nächste Woche eine Lehrprobe. Hast du denn keine Unterlagen zu dem Gedicht?
– Doch. Eva-Maria hielt damals eine Stunde dazu.
– Dann hat die der Scheunemann ja schon gesehen.
– Nein, war eine Gruppenhospitation. Bin ich aber nur allein gewesen. Eva-Maria war echt super. Ihr Manko, sie war schon nach gut einer halben Stunde mit ihrem Stoff durch. Die Restzeit kann man aber ausfüllen. Kein Problem.
– Kannst du mir die Unterlagen, die du hast, zuschicken?
– Mache ich, Inge, äh, Barbara. Gib mir deine Adresse durch.

Nach diesem Telefonat geht Helmut Borgentreich in die Garage, findet nach längerem Suchen etwas zu »Reklame«: das Gedicht, mit einigen Notizen versehen; den Stundenentwurf von Eva-Maria; sein Verlaufsprotokoll.

»An Ihnen geht im Schuldienst ein Original verloren«, hatte Hemingway nach jeder Stundenhospitation, nach dem Examen gemeint.
Eva-Maria hatte Helmut Borgentreich interessiert. In der ersten Seminarstunde hatte Eva-Maria, verspätet eintrudelnd, sich ihm vis-à-vis gesetzt. Alle hatten andächtig den Worten des Herrn Scheunemann gelauscht. Der eine und die andere hatten sich Notizen gemacht. Eva-Maria und er hatten einander immer wieder angeschaut, anschauen müssen. Ihre stahlblauen Augen faszinierten ihn. Er meinte, in ihnen ihr stillschweigendes Einverständnis bezüglich des Blablas des Herrn Scheunemann ablesen zu können.
Nachdem das Einverständnis der Mehrheit der Seminarteilnehmer bezüglich des Rauchens während der Seminarsitzung eingeholt worden war, rauchte Eva-Maria unaufhörlich.
Helmut Borgentreich mochte keine Frauen, die rauchten. Helmut war von Augen fasziniert, mehr noch als von Zähnen. Helmut hatte es früher immer nach dem Geschlechtsverkehr genossen, sich eine ins Gesicht zu stecken. Auch

heute konnte er sich vorstellen, sich nach dem Liebesspiel einen Glimmstengel zu entzünden, gemeinsam mit Eva-Maria. Nur würden ihre Nikotinausdünstungen dem entgegenstehen, es erst gar nicht dazu kommen lassen.

Durch ihr stillschweigendes Blickverständnis war Eva-Maria für ihn interessant erschienen. Beide hatte zusammen nach dem Seminar eine heiße Schokolade geschlürft. Sie hatte ihm von ihren Mann, ihrer bevorstehenden Scheidung erzählt. Helmut hatte seine Ohren gespitzt. Unglückliche Ehe = heiße Affäre. Unglücklich verheiratete Frauen hatten sein bisheriges Leben begleitet, waren das Dankbarste gewesen, das er kennengelernt hatte.

Eva-Maria sah krank aus. Eva-Maria klagte über diverse Schmerzen, Nichtbeweglichkeit diverser Extremitäten.

Noch vor ein paar Jahren hätte all dies Helmut Borgentreich nicht im geringsten abgehalten. Er unterhielt sich gut mit Eva-Maria. Seine Finger behielt er bei sich, seinen Schwanz in seiner Hose, obwohl sie ihn reizte, dennoch.

Bettina Ski war ein ganz anderer Fall gewesen.

Während seiner Referendariatszeit mußte Helmut Borgentreich erneut erkennen, daß er der Typ war, der sich spontan, par excellence, auf eine Kleinigkeit hin, verlieben konnte.

Bettina war hübsch, ohne Frage. Eine tolle Erscheinung. Hatte sich zu Anfang im Hauptseminar neben ihn gesetzt, vielleicht, weil der Stuhl neben ihm gerade frei war. Braune, gelockte Haare. Nettes Gesicht. Ihre oberen Schneidezähne für seinen Geschmack etwas zu lang. Über Wochen fehlte sie dann plötzlich; dann war sie wieder da. Zufällig stand man nach dem Seminar auf der Straße noch zusammen, klönte etwas.

Bettina und Helmut gingen eine heiße Schokolade schlürfen.

Woran sie erkrankt war, wurde von den Ärzten umschrieben.

Helmut Borgentreich konnte jetzt keine Frau mehr brauchen, die nicht gesund war.

Helmut Borgentreich braucht eine Frau, die gesund ist, so wie er meint, es zu sein. Er hofft es zumindest, fühlt sich nicht krank, von angenommenem Hals- und Darmkarzinom mal abgesehen.

Seine Verlobte Sandrina ist gesund.

Eine Frau, die nicht nur seinen sexuellen Wünschen genügt.

Seine Verlobte Sandrina entspricht diesen.

Im Laufe der Jahre hatte er erkannt, daß Sex nicht alles ist, obwohl er bei ihm z. Z. wohl noch überwiegt.

Andere Qualitäten zählen ebenfalls.
Treue der Frau steht bei ihm über allem, Sandrina ist es, wenn er selbst auch manchmal diese nicht allzu erst genommen hatte.
Helmut Borgentreich meint, daß ein Fehltritt, ein Fremdgehen, wie es so schön heißt, nichts für eine Partnerschaft, eine Ehe bedeuten muß, solange außer sexueller Lust und Befriedigung derselben nichts anderes – Liebe – aufgebaut wird.

Helmut Borgentreich stellt sich Barbara Kalk vor. Der leicht quäkige Ton in ihrer Stimme. Möglicherweise altersspezifisch langgezogen. Ihre Haare glatt, blond, ins Rötliche gehend, bis zum Atlas. Das grüne Krokodil ihres T-Shirts wird weit in den Raum gehoben. Eine tolle Brust wölbt sich ins Auge. Ein gewaltiges Milchgeschäft, mühsam vom BH und seinen Trägern gehalten. Übernatürlich lang und dünn ihre Finger. Rote Schüppen ihre Nägel. Er kann sich vorstellen, daß sie beim Geldzählen Schwierigkeiten damit hätte, daß ihm ein Schauer nach dem anderen den Rücken hinunterliefe, ließe sie diese auf ihm kreisen.

Oben Erwähntes kommt zusammen, Punkt für Punkt abgeklopft, Konsequenz: Wer würde sich da nicht verlieben können?!

Love at second, third sight.

Ihre Brust, wirklich überwältigend. Erdrückend. Beängstigend.

Ihr schneeweißer Busen, halb nur bedeckt.

Eine Frage nimmt plötzlich Besitz seines Kopfes, die sie mit an Sicherheit grenzender Wahrscheinlichkeit nicht mehr, da schon zu lange her, würde beantworten können.

Was tritt beim pubertierenden Mädchen zuerst ein: die erste Menstruation, dann das Wachsen der Brüste oder vice versa oder beides gleichzeitig? Oder hat das eine mit dem anderen nichts zu tun?

Rötliches Haar. Sommersprossen im ovalen Gesicht. Langer Nasenrücken, besprenkelt. Ihre hellroten, lippenstiftbemalten, sinnlichen Lippen. Nicht so markant wie ihre Brille a la Marylin Monroe.

Wiederholt sich die Mode alle zwei/drei/vier Dekaden? Das Modell?

Frauen sind austauschbar. Männer ebenfalls. Der bevorzugte Typ bleibt; möglicherweise, daß er nicht mehr ganz benötigt wird, daß der ganze Körper uninteressant wird, daß nur noch Teile von ihm benötigt werden: die Haare, der Mund, der Busen, der Rücken, die Taille, Po, Schenkel, Beine; der Körperteil, um für Tampax, o.b. o.ä. Reklame zu machen.

Sieht echt ätzend aus. Persönliche Meinung von Helmut Borgentreich. Andererseits, auf den zweiten/dritten Blick, doch faszinierend, irgendwie.

»Reize auf Raten.«

Wer/was übt sie aus?
Wird M. M. in ihrer Person gesehen?
Vom Umfang ihrer Brust her könnte es stimmen; hier jedoch schon starke Neigung zum Hängen.
Sind es die hellgrünen Augen, deren Farbe verschwommen durch die mittelstarken Brillengläser sichtbar ist?
Ist es der rötliche Typ mit der Konnotation des Erfüllung versprechenden sexuellen Abenteuers?
Oder die Jugend? Lockt sie? Möglicher Lolitatyp. Das etwas schüchterne, verklemmte Sprechen, das natürlich, genausogut aber gekonnt gespielt sein kann?
Gründen stille Wasser wirklich tief?

Grün war im Mittelalter die Farbe für Leichtigkeit in der Liebe, Sprunghaftigkeit; blau für Beständigkeit.

Ist das seit frühester Jugend vorhandene Faible für Grün ein Indiz für später oft allzu bereitwilliges Eingehen wechselnden sexuellen Kontaktes?

War seine Blauphase in der Zeit gewesen, als er neunmonatige Frauenkarenz geübt? Oder erst danach, als er genommen, was kam?

Warum war er als einziger auf der Mammutfete nüchtern geblieben? Aus dem Unterbewußtsein heraus? Hatte er mit seinem Samen seinen Haß auf Frauen in seine erste Rote auf den Fliesen des Badezimmerfußbodens von hinten in die sich unter, neben ihm Windende, Stöhnende, Aufschreiende geschleudert, sich dabei der erinnernd, die sich mit Lust und Hingabe auf dem Fußboden in der kleinen Küche des Apartments sich ihm geöffnet hatte, obwohl oder gerade weil ihre Eltern im Wohnraum nebenan am Kaffeetisch saßen, an die, die ihn später verließ?

Fest steht, daß der Sexus seine künstlerische Schaffenskraft, sein Inspiriertsein ankurbelt.

Als er später im Schlafzimmer, im Ehebett neben dem mammutgastgebenden Ehepaar, in sie eindrang, hatte sie sich nur kurz gesträubt. Sie hatten sich fast gar nicht bewegt. Eine schier unendliche Zeit verstrich, bis beider Vulkane gleichzeitig eruptierten. Anschließend war sie auf Zehenspitzen ins Wohnzimmer geschlichen, hatte sich neben ihren Gatten auf die Schlafcouch gelegt. Wieder daheim hatte er sich an den Schreibtisch gesetzt, um eine Kurzgeschichte zu verfassen, den verschlungenen Körper im Bad, den ausgestreckten im Bett überdeutlich vor Augen. Selbst den ihr eigentümlichen Geruch hatte er noch in seiner Nase verspürt.

Wieviele Bilder Pablo Picasso in seiner Blaue Phase schuf, weiß Helmut Borgentreich natürlich nicht; schon gar nicht, wieviele Kinder P. P. in dieser Zeit zeugte, da die Blaue und Rosa Periode zusammenfielen und über vier Jahre dauerten.

Ihre Brüste waren nicht mal eine Handvoll gewesen; jetzt im Alter meint er größere zu besitzen.

Julias Brüste hatte er einmal gesehen, auf einer unter anderem Swimmingpoolkegelclubfete. Das war nach ihrem zweiten Kind gewesen. Recht flach waren sie, soviel er im Dämmerlicht und alkoholisiertem Zustand hatte erkennen können. Wie mochten sie jetzt, nach dem dritten Kind, in Mitleidenschaft gezogen worden sein?

Sandrinas Brüste sind noch voll und knackig. Sie ist vier Jahre jünger als Julia. Sie ist noch nicht dreifache Mutter, nicht einmal einfache.

Helmut hatte Geburtstag gehabt. In seinem Kegelclub war es Usus, daraufhin beim nächsten Kegeln einen auszugeben. Helmuts Kegelschwester Julia hatte vor ihm ihr Geburtsfest. Julia war dreifache Mutter. Aus diesem Grunde erschien sie nur alle Jubeljahre. Helmut hatte sich gedacht, damit nichts doppelt erschiene, Julia anzurufen, würde nichts schaden. Er tat dies, machte Vorschläge. Julia sollte etwas zu Essen mitbringen, er wollte für die flüssige Nahrung sorgen. Es war abgesprochen.
 Zwei Herzen schlugen nicht nur in Helmuts Brust. Auch Julia war Zwilling. Sie war Geschlecht. Helmut war es, meinte er zumindest. Geschlechtsspezifisch stand sie auf Mann. Besonders, so schien es Helmut immer, war sie von einem Kegelbruder sehr angetan. Nicht von ihm. Oder doch?
 Sein Wein fand im Kegelclub allgemeinen Zuspruch. Julia saß zwischen ihm und dem von ihr verehrten Kegelbruder. Nach ein paar Gläsern war Julia auf Tuchfühlung. Ihr Mann war auch da. Helmut hielt sich strikt zurück. Zum Ende des Kegelns fuhr besagter Kegelbruder mit Leo und Julia in deren Wagen nach Hause.
 Auf Helmuts einsamer Heimfahrt stellte dieser sich vor: Leo mußte, war er zu Hause, seine baby-, kindersittende Mutter noch nach Hause fahren. Hin- und Rückfahrt würden, knapp gerechnet, ungefähr eine gute halbe Stunde, viel-

leicht etwas weniger, in Anspruch nehmen. Leo würde seinen Kegelbruder an der Wegkreuzung aus dem Wagen lassen, dann seine Frau nach Hause fahren, würde seine Mutter einladen, um diese in ihr Heim zu kutschieren. Der Kegelbruder würde nicht nach Hause, sondern hinter dem Wagen hergehen. Wenn Leo seine Mutter einlud, seiner Frau »Bis gleich, Schatz« sagen würde, würde dies der Kegelbruder hinter einer Hecke verdeckt beobachten.

»Das Spannendste«, meinte Leo einmal beim Kegeln, »ist es, jeden Monat die Tage meiner Frau abzuwarten.«

Helmut Borgentreich kann Erica Jong zustimmen in ihrer Meinung, daß Kunst den Künstler, also ihn, jung erhält, ihn, also auch ihn, ständig zum Beginnenden, zum Anfänger macht, ihn, wiederum auch ihn, ein ständiges Kind sein läßt.

Da Künstlerin (Schriftstellerin) und mehrfache (zweifache?) Mutter waren deren Brüste bestimmt noch genauso fest und voll wie Sandrinas.

Gerade als Helmut Borgentreich die Garage wieder verlassen will, denkt er an seine Wyatt-Earp-Sammlung. Er findet sie im Schrank, greift in einen Haufen, fischt zwei Hefte heraus. Es ist zweimal Heft Nr. 142, »Der letzte Tag von Tombstone«.

Ein möglicher Fingerzeig.

Er nimmt eines dieser Hefte mit auf den Balkon, schlägt es auf, liest.

»Die Hitze flimmerte in den gelbbraunen Straßen Tombstones.«

Nicht so auf dem Balkon. Ihn fröstelt. Er legt das Heft auf den Tisch, holt sich die von seiner Verlobten gestrickte Jacke. Wieder auf dem Balkon zurück, hat er plötzlich Angst, das Heft wieder in die Hände zu nehmen, um es zu lesen. Er fürchtet, daß ihm bei der erneuten Lektüre nach gut zwanzig Jahren eine ähnliche Enttäuschung widerfahren wird, wie beim Betrachten des einen oder anderen vom Fernsehen ausgestrahlten Karl-May-Films dieser Tage.

Auf einmal erscheint es ihm auch nicht mehr so wichtig, welche Lesedauer er heute benötigen würde.

Es gibt wichtigere Fragen zu durchdenken und mögliche Antworten zu finden.

In diesem Jahr wird er fünf Jahre mit seiner Lebensgefährtin Sandrina verlobt sein. Er liebt sie; warum also soll er nicht mit ihr den Bund der Ehe eingehen? Skrupel hat er bis jetzt eigentlich nicht gehabt, nur, das nötige Kleingeld fehlte, fehlt noch immer.

Zu Anfang ihrer Beziehung war Ina der Meinung gewesen, daß man kein Geld benötige, um glücklich zu sein. Durch seine, wenn auch immer zum Glück nur kurzfristige Arbeitslosigkeit und den damit verbundenen chronischen Geldmangel konnte sie sich dann schon bald eines Besseren belehrt fühlen.
Helmut war immer mehr als aufgekratzt gewesen, wenn es um das leidige Thema ging. Zwar bekam seine Studentin anfangs Bafög – wogegen er aus Prinzip war, da die humane Christregierung mit Hilfe der Liberalen es nur noch als Kredit, rückzahlbar in voller Höhe, vergab. Sandrina würde am Einstieg ins Berufsleben mit einem hohen Schuldenberg dastehen; jedoch als dieses auf Heller und Pfennig zurückzahlbare Geld ausblieb, standen sie beide ganz schön auf dem Schlauch. Es gab Krach, den ersten in ihrer langjährigen Beziehung. Nur durch einen Fliesauftrag größeren Umfangs und den damit verbundenen Lohn hatten sie ihre Unstimmigkeiten ausräumen können.

Was geschehen wäre, wenn er diese Arbeit nicht bekommen hätte, wenn sie verheiratet gewesen wären, will Helmut Borgentreich jetzt gar nicht überdenken.

Eigentlich hatte er immer den Spleen gehabt, im biblischen Alter von 33 zu sterben oder zu heiraten. Mittlerweile hatte er dieses magische Alter längst überschritten, lebte noch, erfreute sich bester Gesundheit und war immer noch Junggeselle.
    Untersuchungen über Junggesellentum, wie sie in den USA durchgeführt worden waren, hatte er nicht gelesen bzw. negiert.
    Im Grunde seines Herzens war er monogam. Der eine oder andere Seitensprung in seinen immer langjährigen Beziehungen zählte nicht.
    Ihm war es noch nie passiert, daß er sich bei einer seiner geschlechtlichen Extratouren so in die Beischlafgefährtin verknallt hatte, daß er seine Beziehung derentwegen aufzugeben gedachte. Was stimmte, war, daß seine Nebenfrauen mehr oder minder unglücklich verheiratete Ehefrauen oder nicht verstandene Frauen aus festen Beziehungen waren.
    Zu Anfang wollte er nur Seelentröster sein, doch endeten diese Beziehungen fast ausschließlich erotisch.
    Hatte er zu Beginn bei der einen oder anderen gedacht, bei dieser oder jener länger verweilen zu können, so hatten dann die Zeit oder die Frau es gezeigt, daß seine bestehende Beziehung doch für ihn das richtige war.
    Die Auflösung der Seitensprungsbeziehung war ihm dennoch nie leicht gefallen; dafür liebte er das Phänomen Frau viel zu sehr.

Mit der Freundin vor Sandrina hatte er zuerst Schluß gemacht, bevor er mit seiner jetzigen Verlobten ins Bett gestiegen war.

Es ist keine Lebensangst, sagt er sich, schon gar kein stark ausgeprägtes Minderwertigkeitsgefühl, daß er Ina noch nicht geheiratet hat. Es ist einfach das Geld, das fehlt. Ohne Geld kann man nun mal keine Frau, schon gar keine Familie ernähren.
Helmut Borgentreich glaubt, seine beamteten Berufskollegen zu hassen – zumindest im Unterbewußtsein die Doppelverdiener.

> *Niemand darf... benachteiligt oder bevorzugt werden.*
> (GG, Art. 3, 3.)

> *Jeder Deutsche hat nach seiner Eignung, Befähigung und fachlichen Leistung gleichen Zugang zu jedem öffentlichen Amte.*
> (GG, Art. 33, 2)

Als er mit seinem Studium fertig war, war der Zug ein Jahr zuvor abgefahren gewesen. Die Gnade der späten Geburt konnte er, so wie sein Namensvetter in Bonn, leider nicht in Anspruch nehmen. Würde er auch nicht wollen. Auf diese Gnade konnte er getrost verzichten. Persönlichkeiten, speziell Politiker, hier der aus Oggersheim, hatten dies wohl nötiger als er.
Seiner damalige Freundin war es noch gelungen, auf den letzten Tender aufzuspringen. »Birne« erinnerte Helmut immer, sah er ihn mal notgedrungen im Fernsehen, an den Vater dieser letzten Tenderspringerin. Mit ihm hatte er sich oft gerne einen getrunken.

Er haßte die beamteten Doppelverdiener, dessen ist er sich jetzt fast sicher, besonders, wenn sie schon älter waren, sich eine Existenz aufgebaut hatten.

Aber auch die in seinem Alter wußten um Weihnachten schon nicht mehr, wohin mit dem doppelten Weihnachtsgehalt und -geld.

Für Helmut Borgentreich ist der Lehrerberuf Berufung.
Er ist Egoist. Das wurde ihm von frühesten Kindheitsbeinen an von allen möglichen Leuten bescheinigt.
Nur ist für ihn der Lehrerberuf kein anspruchsloser.

Während seiner Referendarzeit hatte er diverse Kollegen kennengelernt. Am Ende der ersten Schulwoche, nach den langen Sommerferien, rechneten einige schon wieder die Tage, die sie gezwungenermaßen bis zum Beginn der Herbstferien würden ihren Unterricht abspulen müssen.

Zigtausende von Helmut Borgentreichs arbeitslosen Kollegen warteten nur darauf, dieses nur gehaltseinheimsende, unkündbar nichtschülerzentrierte Lehrergesocks abzulösen; vor allem die sich eine Existenz aufgebaut habenden älteren Doppelverdiener.

Wenn der kleine Helmut zu sagen hätte, so wie sein regierender großer Namensvetter mit dem Obstsortennamenskopf, würden Besuche vom Schulrat nicht mehr vorher angekündigt. Viele seiner beamteten Kollegen fielen voll auf die Schnauze, da sie ihre Unterrichte nicht oder nur wenig vorbereitet abspulen.

Das Beamtengesetz wäre zu ändern.

In der freien Wirtschaft setzt sich auch nur der Stärkere, Bessere durch.
»Mikätzchen« und deren Nachfolger gibt es noch zu viele in den Schulen.
Leistung, schülerbezogenes Einfühlungsvermögen, Spaß am Beruf, an seiner Ausübung, am Umgang mit dem Individuum Schüler müßten honoriert werden und nicht die abgesessenen Beamtenjahre.

Helmut Borgentreich hat sich mit dem Kampf um die Existenz mittlerweile abgefunden. Es macht ihm Spaß. Er bedauert die armen Schweine, die bis zu ihrer früh-, vorzeitigen Pensionierung auf ihr monatlich im voraus gezahltes Gehalt warten müssen.

Beamte müßten, seiner Meinung nach, alle Katholiken sein. Ihr eigentliches Leben beginnt erst nach ihrem Tode. In diesem Moment wünscht er ihnen zwar nicht allen einen frühzeitigen Tod, jedoch sollen sobald wie möglich wenigstens so viele ins Gras beißen, daß seine z. Z. taxifahrenden, müllbeseitigenden, teilzeitjobenden, jungunternehmerisch tätigen, von der Hand in den Mund lebenden idealistischen arbeitslosen Kollegen und er als Fliesenfachmann deren vakant werdenden Planstellen einnehmen können, ohne jedoch beamtet werden zu wollen.

Darauf verzichten er und seine nicht ihrer Ausbildung entsprechend beschäftigten Kollegen, so hofft er fest, mit Kußhand.

Alle Deutschen haben das Recht, Beruf, Arbeitsplatz und Ausbildungsstätte frei zu wählen. Die Berufsausübung kann durch Gesetz oder aufgrund eines Gesetzes geregelt werden.
(GG, Art. 12, 1)

Helmut möchte nicht falsch verstanden werden. Er will keinem die Arbeit wegnehmen; nur etwas rationalisieren, umverteilen.

Doppelverdiener mit nur je 2/3-Stellen kommen auch noch mehr als gut über die Runden. Deren Existenz ist so oder so gesichert, im Gegensatz zu dem Heer, zu dem er gehört.

Seiner Meinung nach spricht das Beispiel des ersten doppelten Lottogewinns aus Niedersachsen für die überhaupt nicht vorhandene Solidarität seiner beamteten Kollegen. 3, 5 Millionen waren für das doppelverdienende Lehrerehepaar nicht genug, ihre Planstellen zu räumen. Es mußten wenigstens sieben Millionen sein, bevor sie in den längst verdienten Ruhestand gingen.

Über die Finanzminister der Länder schweigt sich der kleine Helmut hier aus. Dennoch sei folgender Satz erwähnt: Als Wirtschaftsmacht ohne natürliche Ressourcen, von Kohle mal abgesehen, ist die Bundesrepublik Deutschland nur in der Lage, Know-how zu verkaufen.

Auf Heimhausen, dem »familiärsten Gymnasium der Stadt«, wie es so schön in einem Werbeartikel einer kostenlos verteilten Stadtteilzeitung hieß, wird kaum Know-how vermittelt, sondern den durchweg auf staatlichen Schulen gescheiterten Existenzen eine allgemeine Hochschulzugangsberechtigung verkauft.

Geld regiert die Welt, Heimhausen insbesondere.

Mehr Schein, als Sein.
Die Klunker seiner Witwe, das Anwesen Dr. Möllers sprechen da für sich. Vom Gebäudekomplex gar nicht zu reden.

Vorne hui, hinten pfui.
Marmor versus Billigfliesen.
Keine Steckdosen auf den Zimmern.
Rauchen ist selbst den Primanern im Internat nicht gestattet.

Eines Mittags, nach einer absolvierten Nachtschicht, fing ihn Frau Möller ab.
– Kommen Sie mal mit, Herr Borgentreich! Das hier habe ich heute morgen, nachdem sie weg waren, auf den Zimmern bei meinem seit langem wieder mal fällig gewordenen Durchgang durchs Internat gefunden.
Sie drückte ihm zwei Aschenbecher in die Hände. Helmut Borgentreich erkannte sofort seinen kleinen quadratischen, den er als Schüler mal in der Cafeteria eines Kaufhauses gemopst und vor ein paar Tagen einem Zimmer

mitgebracht hatte, weil es ihn störte, daß die Zöglinge ihre Kippen immer im Plastikabfalleimer ausdrückten.

– Herr Borgentreich, Sie müssen morgens riechen und nicht die Putzfrauen unterhalten! Sie bleiben doch bis Viertel nach acht, halb neun hier, Hr. Borgentreich?

– Selbstverständlich, Frau Möller!

– Dann ist es ja gut; und wie gesagt, Herr Borgentreich, riechen, riechen, riechen!

Die Alte hatte wirklich keine Ahnung, was in ihrem Internat mit stillschweigender Duldung der Erzieher gespielt wurde.

Die Schüler durften selbstverständlich, waren sie sechzehn, auf ihren Stuben rauchen. Auch gab es im Keller einen Raucherraum.

Schnüffeln sollten sie also der Meinung der Alten nach. Die Internatsschüler mußten sich dann ja noch mehr wie in einem Knast vorkommen.

Erst nach ein paar Wochen war ihm aufgefallen, daß nur das Zimmer des Schulleiters, Herrn Matten, und ihr Dienstzimmer keine Gitter vor den Fenstern hatten. Im zweiten und dritten Stock gab es natürlich auch keine Eisenstäbe vor den Fenstern. Trotzdem war es während seiner Dienstzeit ein paar Schülern gelungen, diese vor ihren Fenstern auseinanderzubiegen und sich von dannen zu machen. Der Gärter hatte sie gesehen. Sofort wurde Frau Möller telefonisch verständigt. Es gab einen großen Aufstand. Zur Schlafensgehzeit waren alle Schüler wieder im Internat. Der Gärtner hatte Schüler in der Dunkelheit verdächtigt, die den ganzen Abend über mit Helmut Borgentreich zusammengewesen waren.

In der oberen Etage bei den Abiturienten wird Strom für die Kassettenrekorder, für die Kaffeemaschine von der Deckenbeleuchtung abgezweigt, da der allmorgendliche Gong als Musik nicht ausreicht, der gereichte Muckefuck in den Nachkriegsjahren sicherlich besser gewesen ist als auf Heimhausen heute.

Helmut Borgentreich möchte mit diesem Buch u. a. auch dafür Sorge tragen, daß Frau Möller noch mehr Gefallen an seinen schriftstellerischen Ambitionen finden wird.

Die ATA-Girls

Einer der jüngeren Zöglinge des ersten Stocks hatte die für diesen Flur zuständigen Reinemachefrauen und die Kolleginnen ihrer Zunft einmal ATA-Girls genannt. Hatte Helmut Borgentreich noch nie zuvor gehört. Konnte nur aus dem Munde eines unreifen, pubertierenden Nursohns stammen. Säßen nicht die Kohlen der Eltern in der Hinterhand, würde dieser Schüler es vielleicht nur bis zum Klomann bringen. An Rudolf Platte sei erinnert. Dieser war jedoch nur ein Strich in der Landschaft, hatte als Schüler bestimmt nicht zehnmal in der Nacht aufs Klo gemußt, um zu scheißen.

Für den Scheißer vor dem Herrn konnte dies immer noch der Fall sein. Allein, nur mit Geld war wohl auch auf Heimhausen kein Einjähriges, kein Abitur zu schaffen, obwohl letzteres eindeutig Heimhausen regierte, Geld auch das Abitur ermöglichte.

Etwas mehr als nur Scheiße mußte doch schon im Schädel stecken.

Selbige war auch ein leidiges Problem für die Erzieher und die Putzfrauen. Beim morgendlichen Kontrollgang waren sämtliche Toiletten auf Verstopfungen zu untersuchen. Manche Schüler ließen ihren Frust an den Toilettenpapierrollen aus, stopften halbe oder Drittelrollen ins Knie im Sinkwasser und legten einen dicken Haufen auf die Pfanne, den sie dann sorgfältig abspülten. Im Laufe der Nacht verlief sich das Wasser um die verstopfende, zugeschissene Klorolle. Leere Zigarettenschachteln waren als Durchlaßerschwernis auch sehr beliebt, ebenso Milch- oder Kakaobecher. Eines Morgens fand Helmut Borgentreich einen dicken Vierpfünder, in dem eine Batterie Ladykracker sorgfältig verteilt war, auf einer Pfanne; eine Art Geburtstagsschiß, ihm zu Ehren von einem Schüler liebevoll gelegt und dekoriert.

Für die Entfernung dieser Verstopfungen gab es unter den Schülern einen Spezialisten, den sogenannten Wassermann. Mit einem Spezialhaken rückte dieser nach dem Wecken der Verstopfungsursache zu Leibe. Meistens hatte er Erfolg. Bei Mißerfolgen meldete er diese dem Erzieher. Dieser verständigte dann Herrn Andre; dessen Spezialkenntnisse und -werkzeuge waren jetzt gefragt.

Andere kleinere Wassermänner aus Herrn Barthels Gruppe rannten kurz nach Beginn des Silentiums, kurz nach Frühstücks- und Abendbrotbeginn sowie -ende durchs Haus, um mögliche laufende Wasserhähne und Klospülungen abzudrehen.

Einmal, gegen 17.00 Uhr, kam Herr Barthel in Helmut Borgentreichs Klasse und forderte von ihm zwei / drei zuverlässige Zöglinge. Helmut Borgentreich gab sie ihm. Die Schüler kehrten nach einer guten dreiviertel Stunde zurück.

Als Helmut Borgentreich nach dem Abendbrot auf sein Zimmer ging, um die Sieben-Uhr-Nachrichten zu hören, und das Licht andrehte, sah er die Bescherung. Auf dem Zimmerboden stand einen Zentimeter hoch Wasser, von der Decke tropfte es pausenlos auf die beiden Schrankbetten, die immer ausgeklappt und bezogen waren. Das Bettzeug, die Schonbezüge, die Matratzen, sein Pyjama, den er mittags auf sein Bett ausgebreitet hatte, hier im Internat konnte er ja schlecht im Unterhemd rumlaufen, alles war klatschnaß.

Er holte Herrn Barthel. Dieser sah sich den Schaden an. Herr Barthel hatte gegen 16.53 Uhr bei einem persönlichen Wassermannkontrollgang die Überschwemmung in der zweiten Etage festgestellt. Daß soviel durch die Decke gekommen sein würde bzw. überhaupt etwas, hatte er nicht gedacht.

Helmut Borgentreich hatte in dieser Nacht Dienst. Die nassen Matratzen etc. schaffte er in einen Nebenraum, holte sich neue, bezog sein Bett.

Der nasse Kalkgestank war erst nach drei Wochen aus dem ständig gelüfteten Zimmer verschwunden. Riesige Kalkflatschen hingen wie Wellen von der Decke. Der hauseigene Anstreicher hatte, irgendwann später im Jahr, zwei Zimmer zusätzlich neu zu tapezieren und zu streichen.

Helmut Borgentreichs Eingangsüberschwemmung war gegen diese ein Klacks gewesen.

Eine dritte Überflutung, diesmal wieder im ersten Stock, konnte er während eines seiner Nachtdienste gerade noch verhindern.

Der dicke Scheißer trieb sich laufend auf der Toilette rum, war nicht ins Bett zu kriegen. Er hätte so fürchterliche Bauchschmerzen, meinte er jedesmal, wenn Helmut Borgentreich ihn wieder auf dem Flur oder auf dem Klo ausmachte.

Später dann bei einem Kontrollgang im Waschraum war dieser unbeleuchtet, aber er sah den Dicken und noch einen Jungen vor einem Waschtisch stehen.

– Was macht ihr denn hier?
– Händewaschen nach dem Scheißen.
– Im Dunkeln?
– Geld sparen, Herr Borgentreich.
– Macht, daß ihr ins Bett kommt!
– Sofort, Herr Borgentreich.
– Ich will keinen Ton mehr aus eurem Zimmer hören. Habt ihr verstanden?! Ich will keinen von euch mehr hier draußen heute nacht sehen!
– Geht in Ordnung, Herr Borgentreich.
– Also, los, verschwindet in eure Betten!

Bei seinem nächsten Kontrollgang, er lauschte auf den Gang, war dort alles ruhig. Zufällig öffnete er auch die Tür zum Waschraum und schaltete das Licht ein. Das Wasser hatte schon fast die Türschwelle zum Flur erreicht. Aus dem hintersten, mit einem Aufnehmer verstopften Becken rann es leise über den Waschtischrand, konnte nicht im Gully ablaufen, da in diesem ebenfalls ein Aufnehmer steckte.

Helmut Borgentreich drehte das Wasser ab, riß die Aufnehmer aus den Abflüssen, eilte ins Zimmer des Scheißers & Co. und veranlaßte diese, den Waschraum trockenzulegen.

Am nächsten Tag beim offiziellen Verhör gab der Dicke sofort zu, daß er und sein Kumpel die Urheber gewesen seien. Sein pickelnarbiger, langer Stubenkamerad meinte nur, er hätte ja bis gestern abend noch nie was angestellt, wäre immer so brav gewesen.

Die beiden Schüler mußten vierzehn Tage lang »antreten«: zusätzliche Aufgaben zuhauf erledigen und zu bestimmten Zeiten den Erziehern vorzeigen.

Die Putzfrauen auf Heimhausen werden übrigens mehr als schlecht bezahlt, DM 9,15 brutto die Stunde. Dafür werden sie aber vom Hausmeister, Herrn Andre, morgens, bei Wind und Wetter, geholt und mittags gebracht. Die Putzfrauen werden durch den Transfer zum und vom Arbeitsplatz ebenso geködert wie die Erzieher mit dem vielen Urlaub, den sie gar nicht haben. Falls Helmut Borgentreich noch Zeit und Gelegenheit finden wird, wird er mal eine detaillierte Gegenüberstellung über abgehaltenen Dienst und Freizeit aufstellen; es wird sich bestätigen, was er jetzt schon vermutet: die Ferien gleichen die Mehrarbeitszeit in keiner Weise aus.

Die Nachhilfestunden

Herr May war Alleinverdiener, strich sich nur montags mehr oder minder gezwungenermaßen – bei seinem Einstellungsgespräch hatte man dies angedeutet – den zu versteuernden Nebenverdienst ein. Seine Frau versorgte nicht nur montags abends ihre beiden heranwachsenden Kinder. Herr Droste war, soweit Helmut Borgentreich wußte, kinderlos.

Die Schülerinnen und Schüler dieser Anstalt nahmen rege von der Möglichkeit, die ihnen einige Kollegen des Kollegiums selbstlos boten, nämlich Nachhilfe von ihnen zu erhalten, Gebrauch.

Manche Kollegen waren von morgens bis zum späten Nachmittag im Gebäude, fast täglich. Ärgerlich, daß es Sonn- u. Feiertage gab; die langen, langen Ferien. Zum Glück war ja fast jeden zweiten Samstag Schule.

Herr Lössel, Mister Bunny, gehörte zu den eifrigsten Nachhilfegebern. Er brachte und bringt es auf täglich sage und schreibe zwölfdreiviertel Stunden, außer donnerstags. Da kam er erst zur sechsten Stunde. Abends zuvor mußte er bis 20.30 Uhr dienstverpflichtet ausharren. Nach der Überwachung der Schülerspeisung und Einnahme des eigenen Mittagsmahles, das bestimmt nicht ständig kalt oder lauwarm wie das der Schüler war, mußte unser Bunny leider per Vertrag bis 16.30 Uhr Internatsangelegenheiten erledigen. Aber Schlag halb fünf konnte es dann endlich losgehen mit dem Schwarzgeldverdienen. Vier- bis fünfmal 0, 45 Stunden täglich, außer mittwochs. Da hatte er die 11 / 12 zu beaufsichtigen. Das waren vier mal DM 29,50 pro Stunde, die auch noch unglücklicherweise zu versteuern waren. Nachhilfestunden waren da wesentlich lukrativer, da u. a. steuerfrei, da schwarz verdient. In der Regel waren das dann täglich vier bis fünf Stunden zu je DM 35,–. Nach Adam Riese DM 140,– bis 175,–. Also jeden Monat DM 2800,– Cash. Soviel Geld bekam Helmut Borgentreich, wie man ja schon weiß, nicht einmal brutto für seinen erzieherischen Job. Bei Herrn Lössel kam natürlich noch sein Gehalt (A 12) als Kollege für Deutsch, nicht Geschichte, auch nicht Englisch, hinzu, nebst zusätzlichen Zulagen für seine Internatstätigkeit selbstverständlich. Unser Herr Lössel scheffelte reichlich nach Hause. Unser Herr Lössel hatte sich auf ausdrücklichen Wunsch vieler Eltern auf Lateinnachhilfe, ohne Fakultas, spezialisiert. Die Eltern der Schüler mußten ihn wohl ständig derart bedrängen, daß er, sozial eingestellt, wie er nun mal war, gar nicht mehr auf den lukrativen Nebenverdienst verzichten konnte.

Aus den Silentien holte er seine Nachhilfeschüler heraus. In den Silentien kassierte er, vor allem in der Mädchenaula, mit einem Vokabelheft als Buchführung bewaffnet, sein Taschengeld.

– Herr Borgentreich, unser Herr Lössel zieht bald um.
– Er zieht um?
– Ja, er hat sich eine Eigentumswohnung gekauft.
– Wie, hat der den kein eigenes Haus?
– Nein, Herr Lössel hat drei Kinder, die gehen z. T. noch zur Schule oder stehen in der Ausbildung. Herr Lössel ist, müssen Sie wissen, Alleinverdiener.
Wann der wohl Zeit gehabt hatte, die Kinder zu zeugen. Donnerstags morgens fuhr er mit seiner Frau zum Einkaufen.

Vor Herrn Droste hatten alle Schülerinnen und Schüler höllischen Respekt. Vielleicht wäre höllische Angst angebrachter. Bei Herrn Droste konnte man in der Mädchenaula die sprichwörtliche Stecknadel fallen hören. Bei Herrn Droste waren gleitende Nachhilfestundentarife üblich. Vor den Ferien, vor Zeugnissen stiegen seine Stundensätze bis auf DM 50,–.
»Jede Werkstattstunde kostet soviel«, sagte er immer.

Er hat recht. Wenn der Wagen repariert werden muß, fragt keiner, was es kostet, wundert sich keiner über den Stundensatz; jedenfalls keiner der Eltern von Heimhausener Schülern.
Herr Droste, glaubt Helmut Borgentreich, wäre viel lieber Arzt anstatt Lehrer geworden.
Was die Reparatur eines angeschlagenen Körpers kostet, interessiert den Patienten auch nicht. Die Krankenkasse bezahlt. Frau Möller muß zehn Prozent zur freien Heilfürsorge zuschießen. Der Buchhalter, Herr Weihrauch, hat Einsicht in alle Krankheitsbilder, natürlich auch in die der Familienangehörigen der Kollegen.

Herr Droste fuhr kein deutsches Auto, als Helmut Borgentreich bei Dr. Möller anfing. Nach den Weihnachtsferien stand dann plötzlich ein neuer Mercedes 190 E auf seinem überdachten Parkplatz.
Helmut Borgentreich fragte Herrn Droste spontan, wieviele Nachhilfestunden der neue Mercedes denn gekostet habe. Hr. Droste lächelte süffisant.
Er soll auch in einem Vorort der Stadt ein Traumhaus stehen haben.

Bei Dr. Möller, respektive seiner Witwe, sind alle gleich. Es werden keine Extrawürste gebraten, schon gar keine Spiegeleier morgens, nur die Gehälter variieren geringfügig sowie die Möglichkeiten des Nebenverdienstes für Gleiche und Gleichere.

Selbst unser Alleswisser, Herr Breuer, der vom Alter her eigentlich alles haben mußte, war an manchen Tagen in der Woche lange in der Schule, jedoch kaum zu sehen. Von innen verschlossene Klassenräume waren während seiner Nachhilfe- und Förderstunden sein Markenzeichen.

Herr May erzählte Helmut Borgentreich einmal: – Vor ein paar Jahren war ich auf einer Lehrerfortbildung in Hagen. Ich kam mit einem anderen Kollegen ins Gespräch, berichtete, daß ich im Gymnasium Heimhausen eine Anstellung gefunden hatte.

– Dann kennen Sie doch sicherlich auch den Kollegen Breuer?

– Ja, den gibt es da.

– Ich war in Breuers Referendarzeit dessen Seminarleiter. Der wußte immer alles besser. Ist das heute auch noch so?

– Ihre Frage kann ich nur bejahen.

Die Lehrerkollegen, die pausenlos Nachhilfestunden gaben, hatten alle gehaltsbeziehende Ehefrauen, bis auf unseren Bunny.

Nur Herr Droste war in Helmut Borgentreichs Alter. Der mußte seine zu luxuriös gestaltete Gegenwart bestimmt noch über längere Zeit durch schwankende, d. h. steigende Nachhilfestundenhonorare absichern.

Die Genehmigung (privater Schulen) ist zu erteilen, wenn die privaten Schulen in ihren Lehrzielen und Einrichtungen sowie in der wissenschaftlichen Ausbildung ihrer Lehrkräfte nicht hinter den öffentlichen Schulen zurückstehen und eine Sonde rung der Schüler nach den Besitzverhältnissen der Eltern nicht gefördert wird.
(GG, Art. 7, 4.)

Der Heimerzieher

Die obligatorische Einwegmineralwasserflasche vom Aldi stand zwischen gefüllter Petroleum- und der Taschenlampe, letztere mit halbvollen Batterien und Wackelkontakt.
Bei diesen spätsommerlichen Temperaturen war das Wasser pißwarm. Es würde eklig schmecken.
Herr Barthel trank es trotzdem, nahm mutig einen Schluck, spülte damit seinen nikotinbelasteten Mund- und Rachenraum.
Wäre Helmut Borgentreich schon so lange hier im Hause Möller als Erzieher tätig wie Herr Barthel, bald fünfzehn Jahre, hätte er sich schon längst einen kleinen Kühlschrank, 50 Liter, auf sein Zimmer gestellt. Helmut hatte noch einen von Coca-Cola, jetzt allerdings nicht mehr rot, sondern nach dem Deal gleich weiß gestrichen, in der Garage stehen. Wurde nur einmal im Jahr, höchstens, zu seiner Geburtstagsfete, benutzt, wenn mehr als gewöhnlich zu kühlen war.
Helmut nahm sich fest vor, den ehemaligen C-C-Kühlschrank im Frühjahr mit auf sein Zimmer zu nehmen. Er würde ihn auf dem dreitürigen Schrank deponieren. Von dort bestand eine unmittelbare Nähe zu einer Steckdose. Direkt links neben dem leeren Commodorecomputerverpackungskarton.
Auf diesem Schrank lag an der Wand ein Feldhockeyschläger, wohl die Waffe seines Vorgängers. Davor würde sein Kühlschrank Platz haben. Er würde ihn gut sortieren. Im Sommer hatte nicht nur er immer Durst. Alkohol würde in ihm keinen Platz finden. Nur aqua minerale, Fanta, Coke weniger. Für ihn sowieso nicht. Cola light tötet jedes Sperma.

Helmut Borgentreich stellt sich vor, vor dem Geschlechtsverkehr Inas Vagina mit diesem Gesöff zu füllen, dann langsam auszuschlürfen. Restbestände würden seine Samen unfruchtbar machen. Eine billige und vor allem gesunde Art, Empfängnis zu verhüten. Eine hervorragende Art, Ina zu stimulieren.

Säfte: Gerstensaft.

Es soll ja Bedienungen geben, die auf die Bestellung eines Gerstensaftes hin nachschauen gehen, ob es selbigen gibt. Werden sie nicht fündig, kommen sie mit der Frage zurück, ob es nicht auch Tomaten-, O-Saft sein könne.
Solch eine Bedienung könnte auch die Anstalt von Dr. Möller durchlaufen haben, vielleicht nicht ganz bis zum Ende, zum Abitur.

Herr Barthel schlief übrigens nicht im allgemeinen Erzieherzimmer. Als Heimerzieher mit eigener Telefonnummer hatte er dies nicht nötig. Nur Herr Lössel, alle vierzehn Tage sonntags, Herr Funkelt und Helmut Borgentreich schliefen dort. Herr Barthel hatte ein durch dicke, blaugraue Samtvorhänge vom Raum abgetrenntes Himmelbett, eine Ledergarnitur, einen Perser auf dem Parkett. Blumen standen auch in dessen Zimmer. Helmut wollte sich auch eine von zu Hause mitbringen.

Herr Barthel hatte besondere Aufgabenbereiche, somit eine längere Dienstzeit als seine Kollegen Funkelt und Borgentreich.

Herr Barthel kam morgens schon um elf Uhr. Er mußte sich um den organisatorischen Ablauf des Mittagessens kümmern, d. h. angeben, wieviele Schüler/innen anwesend sein und an welchen Tischen sie sitzen würden. Außerdem hatte er Schüler zu betreuen, die mal nicht bis dreizehn Uhr Schule hatten.

Helmut Borgentreich konnte und kann sich nicht vorstellen, wie jemand solch einen Erzieherjob zehn Jahre und länger aushalten konnte.

Herr Barthel lebte von Ferien zu Ferien, hatte am Anfang des Jahres schon sämtliche Ferienreisen fürs kommende Kalenderjahr im Reisebüro gebucht.

Wenn Herr Barthel in der Woche Nachtdienst hatte, was zweimal der Fall war, fuhr er morgens gar nicht erst nach Hause. Er schlief dann noch etwas in seinem Heimerzieherzimmer.

Herr Barthel führte bestimmt eine vorbildliche, kinderlose Ehe. Zu Streit, Scheidung konnte es zwischen seiner Gattin und ihm kaum kommen. Man sah einander höchst selten.

Im Urlaub ist alles anders.

In der freien Wirtschaft ist es wohl üblich, daß man bei fünfzehnjähriger Zugehörigkeit zu einem Betrieb, hier Internat Dr. Möller, auch als Angestellter als unkündbar gilt.

Herr Barthel hatte noch zwei / drei Jahre vor sich.

Schülerinnen

– Anke?
– Anja, ich heiße Anja!
– Wie komme ich nur auf Anke? Wird hier sicherlich auch eine Anke geben, Anja.

Sie begegnete Helmut Borgentreich täglich im Aufgang zur Mädchenaula, an dessen riesiger Wand ein säender Landmann in Öl aus der braunen Zeit zu sehen ist. Sie schaute ihn an, sagte: – Anja!, nicht jeden Tag, aber öfter, nachdem er sie nochmals falsch mit Anke angeredet hatte.

Eine Anke gab es hier nicht.

Helmut Borgentreich kannte nur eine Elke. Doch!, eine Anke ist vor kurzem Mutter einer gesunden Tochter geworden. Er hatte es in der Zeitung gelesen.

So wie sie mußte Margarethe von Valois, die erste Frau Heinrichs von Navarra, in jüngeren Jahren ausgesehen haben. Pechschwarzes Haar. Rosige Backen, leichter Ansatz eines Doppelkinns. Die valois-typische Nase. Überproportional nach unten über das Gesicht laufend. Fleischig. Große Nasenlöcher. Breite Flügel. Die Spitze, ein Stups. Sinnliche Lippen. Glühend dunkelbraune, fast schwarze Augen, die verrieten, daß sich ihre Trägerin ihrer zukünftigen Rolle als Frau bewußt war.

Ihr lasziver Gang über den Schulhof, durch das Schulgebäude, mit dem sie auf sich aufmerksam machte.

Sie saß mit anderen Schülerinnen fast täglich vor dem riesigen Heizkörper zum Mädchenaulaaufgang.

Sie hatte ihre Beine an ihren Oberkörper gezogen. Ihre Hände ruhten auf ihren Kniescheiben. Alle anderen Mädchen hielten ihre Knie aneinandergepreßt. Sie hatte ihre Beine, Oberschenkel gespreizt.

Die Spitzen ihrer schwarzen Stiefel zeigten nach rechts und links außen. Ihre blaue hautenge Jeans spannte sich straff um ihre Schenkel, vor ihrem Geschlecht, das erobert werden wollte, vielleicht schon war.

Vor ein paar Tagen küßte sie sich in der Nachmittagspause ziemlich intensiv mit einem Langen; kein Schüler dieser Anstalt.

Hatte sie schon . . . ? War sie . . . ?

Vor ein paar Tagen stand sie mit tränenüberzogenem Gesicht abseits in einer Ecke der Pausenhalle.

Hatte sie . . . ? War sie . . . ?

Caroline kam auf ihn zu.

– Herr Borgentreich, ich habe gehört, Sie schreiben Bücher. Ich möchte eins kaufen. Darf ich Ihr Buch schon lesen?

– Wie alt bist du denn, Caroline?

– Ich werde bald sechzehn.
– Natürlich. Warum denn nicht? Ich bringe dir morgen eins mit.
Auf der Goßen Reise (13. 03. 1564 – 01.05.1566), an ihrem Ende stand Margarethe kurz vor ihrem dreizehnten Geburtstag, hatte sie die Sitte eingeführt, die Brüste offen zu tragen.
Hatte sie . . . ? War sie . . . ?
Carolines Brüste waren unter ihrem bauschigen Winterpullover nicht auszumachen.
Margarethe von Valois hatte mit fünfzehn ihren ersten intimen Kontakt. Sie bekam zeitlebens keine Kinder.
Eine Widmung an den Namen Margarethens wollte Helmut Borgentreich Caroline ins Buch schreiben: Margarethe - Caroline. Als er sie am anderen Tag fragte, erschrak sie.
– Ich will keine Widmung, Herr Borgentreich. Ich will Ihr Buch verschenken.
An den ihre Tränen vergossenen Langen vielleicht.
Ort, Datum, Unterschrift zierten das Buch.

GERICHTSTERMINE

– Montag muß ich frei bekommen.
– Frei?
– Ja, den Nachmittag bis gegen fünf / sechs Uhr. Ich habe einen Gerichtstermin.
– Gerichtstermin?
– Ja, ich bin Schöffe. Muß da so einmal im Monat hin.
– Geht in Ordnung, Herr Borgentreich.
– Soll ich Frau Möller über mein Ehrenamt in Kenntnis setzen, Herr Lössel?
– Nicht nötig, Herr Borgentreich.

Die neuen Gerichtstermine für das kommende Jahr standen fest. Im alten Jahr wollte Herr Lössel sie sich nicht mehr notieren, obwohl er den neuen Jahresmerker, für fünf Mark bei Quelle erstanden, schon auf seinem winzigen Schreibtisch liegen hatte.

Der nächste Gerichtstermin stand ins Haus. Nicht wie sonst die obligatorische Postkarte, diesmal ein Brief vom Landgericht. Die nächste Verhandlung war auf insgesamt zehn Sitzungstage anberaumt.

Herr Lössel war begeistert.
– Das geht nicht, Herr Borgentreich. Wie stellen Sie sich das vor? Was soll Frau Möller dazu sagen? Ich habe doch ... aus eigenem Antrieb. Maximal ein Tag im Monat, sagten Sie. Jetzt zehn. Unmöglich. Wie stellen Sie sich das vor? Sie haben hier ein Arbeitsverhältnis!
– Das ist ein Ehrenamt, Herr Lössel.
– Warum nehmen die nicht Hausfrauen dafür. Die haben sowieso nichts zu tun! schaltete sich Herr Barthel ein.
– Die Laienrichter sollen einen repräsentativen Querschnitt durch die Berufswelt der Bevölkerung darstellen, Herr Barthel. Da müssen auch Lehrer vertreten sein.
– Sie sind hier als Erzieher angestellt, Hr. Borgentreich, nicht als Lehrer.

Tropf! Schon wieder hatte er sein Fett weg.

– Für mich ist die Häufung der Termine auch neu. Bis jetzt hatte ich erst einmal eine Verhandlung über drei Sitzungstage.

Wie sollte er sich da rausreden? Was würde sein, wenn erst einmal der Einberufungsbescheid käme, und er diesen vorlegen müßte?

– Wenn's nicht geht, muß ich bei Gericht Bescheid geben, daß meiner Arbeitskraft in diesem Hause nicht allzu lange entbehrt werden kann. Bei länger terminierten Sitzungen können die dann bestimmt statt meiner einen Ersatzschöffen, vielleicht eine Hausfrau, in die Pflicht nehmen.

DER THEATERBESUCH (18. 11.)

»Mene mene tekel u-parsin« (Daniel 5 : 25 – 28).
– Gott hat dein Königtum gezählt & beendet.
– Man hat dich auf der Waage gewogen & für zu leicht befunden.
– Dies Reich ist zerteilt & den Medern & Persern gegeben.

Mittwoch war Feiertag. Belsazar stand auf dem Programm. Helmut Borgentreich bestellte Karten für Sandrina und sich.
Am Mittwochmorgen, sie wollten einander gerade lieben, klingelte das Telefon. Caspar war am anderen Ende der Leitung.
– Störe ich?
– Ja.

– Was habt Ihr heute abend vor?
– Wir wollen ins Theater gehen, Caspar.
– Das ist heute geschlossen.
– Mach keinen Quatsch.
– Doch. Hast du noch keine Nachrichten gehört? Haben es durchgegeben. Unser Theater bleibt bis auf weiteres wegen Einsturzgefahr der Zuschauerraumdecke geschlossen.
– Du treibst schlechten Scherz mit uns, Caspar! Sandrina und vor allem ich haben uns so gefreut, mal wieder ins Theater gehen zu können, mal wieder am gesellschaftlichen, kulturellen Leben partizipieren zu können.
– Ich scherze nicht. Kommt doch heute abend auf einen Schoppen Wein zu uns und partizipiert hier.
– Aber nur, wenn das Theater heute abend wirklich geschlossen bleibt.
– Was ist eigentlich mit dir los, Helmut? Wenn du mir nicht glaubst, schalt dein Radio ein!

Im Radio hörten sie nichts über ein geschlossenes Theater. Das Theatertelefon war jedoch dauernd besetzt.

Hinter der Eingangsglastür prangte ein großes Hinweisschild.

Der größte Schwachsinn aller Dienste im Hause Dr. Möller fand alle vierzehn Tage samstags zwischen neun und halb zwölf statt. Hauptsache, es war noch eine Person mehr im Haus, ein Erzieher, der dann Hausmeistertätigkeiten wie Türen versperren, Rolläden runterlassen etc. zu verrichten hatte. Der Hausmeister, Herr Andre, unterhielt sich oft mit dem samstagsdiensthabenden Erzieher.

– Haben Sie schon gehört, Herr Borgentreich?
– Nein. Was denn, Herr Funkelt?
– Im Januar / Februar sind die Dreizehner eine Woche lang nicht da. Ebenso die Zwölfer, die Zehner und die Neuner.
– Dann werden wir ja nur kleine Besetzung haben. Wo sind die denn alle?
– Zum Schilaufen, Herr Borgentreich, zum Schilaufen.
– Dann werde ich ja nur drei Männekes in meinem Klassenraum sitzen haben.
– Und ich habe auch nur ein paar in der Mädchenaula. Herrliche Zeiten brechen an, Herr Borgentreich.
– Meinen Sie, Herr Funkelt?
– Bestimmt. Vielleicht kann man unsere paar Schüler zusammenlegen. Dann könnte jeder von uns schon mal zum Abendbrot freimachen. Man könnten mal wieder ein paar Bekannte besuchen.
– Wieder Mensch sein; ins Kino oder ins Theater gehen.

Die Verletzung (19. 12.)

Samstagmittag, kurz vor 13.00 Uhr. Helmut Borgentreich hat den Flur geputzt. Jobsharing. Im Haus die Treppe bis zum Eingang, die Treppe zu den Kellern, draußen die Steinplatten sowie den Bürgersteig rechts und links der Hausfront mit dem Piesavabesen gefegt, die vier Fußmatten an der Platane zur Garagenab-, -auffahrt ausgeklopft.

Helmut war durstig geworden. Ina bereitete gerade das Mittagessen, keine Erbsen-, Bohnen- oder Linsensuppe, schon gar keine Graupen; Kälberzähne. Die konnte er nicht ausstehen.

Eigentlich wollte er ein Bier trinken. Der Blick auf das Zifferblatt der Wanduhr sagte ihm: zu früh am Tage. Also ein Glas Fanta.

Er holte die noch ungeöffnete Literflache aus dem Kühlschrank, drehte am Metallverschluß. Dieser bewegte sich keinen Jota. Was in solch einem Falle bis jetzt immer Wirkung gezeigt hatte, war die Wasserpumpenzange gewesen.

Er ging ins Kämmerchen, in dem etwas Werkzeug lag, griff die rote Zange mit dem gelben Punkt mit der rechten Hand, stellte das Maul der Zange auf den Durchmesser des Flaschendrehverschlusses ein, hielt die Flasche mit seiner linken Hand am Hals fest. Er drehte. Nichts tat sich. Er drehte etwas kräftiger. Die Zange fiel ihm aus der Hand. Blut strömte über seine linke Hand, die noch immer den unteren Teil der Fantaflasche hielt.

Er ging zurück in die Küche, stellte den Flaschenrest auf die Spüle. Blut sickerte aus der Wunde, tropfte auf die Keramikfliesen. Ina war irritiert.

– Was hast du denn gemacht?

– Was ich bis jetzt immer gemacht habe, wenn eine Fantaflasche partout nicht aufgehen wollte. Hol mir bitte mal ein Pflaster aus dem Erste-Hilfe-Schränkchen.

Ina holte ein Pflaster.

Helmut Borgentreich spülte das Blut unter dem Wasserhahn ab. Jetzt erkannte er erst das Ausmaß der Verletzung. Ein Pflaster würde nichts nützen. Der Schnitt mußte geklammert bzw. genäht werden. Nicht so wie bei Ina, als sie sich mal beim Spülen verletzt, mit dem Zeigefinger ein Stück aus einem Glas geschlagen hatte. Damals hatte er ihre Verletzung versorgt, desinfiziert, die Hautkappe an die Schnittstelle gezogen, einen Preßverband angelegt. Inas Wunde war wunderbar verheilt. Heute erinnerte nur noch eine helle Narbe in der Form eines Birkenblattes daran.

– Ein Pflaster nützt nichts. Du mußt mich ins Krankenhaus fahren.

Helmut drückte ständig neue Küchentücher, die sich Schicht um Schicht mit seinem Blut tränkten, auf die Wunde.

Im Krankenhaus waren sie gegen 13.15 Uhr. Ein Krankenpfleger nahm seinen Bericht auf, wollte ihn zum Röntgen schicken. Der diensthabende Chirurg sah sich die Wunde an, reinigte sie. Eine Schwester spritzte um die Wundränder ein Narkosemittel. Der Arzt konnte keine Restglassplitter finden. Die Sehne war zum Glück nur angeschnitten. Der Chirurg nähte die Wunde fünfmal, während Helmut zuschaute. Die Haut zog er mit ein paar Stichen mehr zusammen, ließ während der OP nochmals von der Schwester nachspritzen, da Helmut nach einiger Zeit zusammenzuckte. Die Operation dauerte fast eine halbe Stunde. Anschließend legte ihm eine Schwester einen Verband mit Gipsschiene an, spritzte ihn dann rechts und links gegen Wundstarrkrampf.

Montag sollte er zur Begutachtung wiederkommen, falls er Schmerzen verspürte, schon früher. Die Schwester gab ihm drei schmerzstillende Tabletten mit.

Am Montag schrieb ihn der leitende Chefchirurg arbeitsunfähig. Mittwochs gab es Weihnachtsferien. Helmut Borgentreich war noch bis zum 21.12. auf Probe im Internat Dr. Möller angestellt. Der Chefchirurg überwies ihn zum Hausarzt. Helmut besaß gar keinen festen Hausarzt. Er ging zum ersten besten, bei dem er auf seinem Weg nach Hause vorbeikam.

Um kurz vor 13.00 Uhr trat Helmut Borgentreich seinen Dienst an. Seine linke Hand benötigte er nicht dazu. Ina hatte ihn hingefahren, würde ihn wieder abholen. Drei Tage konnte man so überbrücken.

DER LETZTE SCHULTAG (29. 01.)

Freitags gab es in der dritten Stunde Zeugnisse. Bei manchen Schülern und Schülerinnen war die Freude groß über die gelungenen Halbjahreszensuren. Um ihrer Freude verstärkt Ausdruck zu verleihen, hatten eine Schülerin und ein Schüler Fanfaren mit Preßluft, wie sie oft auf Fußballplätzen benutzt werden, mitgebracht. Diese ertönten schon während der großen Pause zaghaft, nach der Entlassung auf dem Weg vom Schulgebäude durchs Internatsgelände bis hin zur Dorfstraße ununterbrochen.

Silke und Bernd kamen Helmut Borgentreich fanfarend entgegen. Sie wünschten ihm lautstark ein schönes Wochenende. Die Freude der Schüler steckte ihn an.

Nachdem alle Schüler das Internatsgelände verlassen hatten, ging Helmut Borgentreich ins Büro, um seinen Lohnstreifen, solchen, wie er heute nur noch in China benutzt wird, zu holen.

Frl. Schwarzwald gab ihn ihm.

– Warum haben Sie vorhin diesen Lärm nicht unterbunden, Herr Borgentreich?
– Welchen Lärm, Frl. Schwarzwald?
– Na, diese Fanfaren. Herr Matten hat sich der Lärmer auf der Dorfstraße erst einmal angenommen. Sie sehen das wohl etwas anders, Herr Borgentreich?
– Auf jeden Fall, Frl. Schwarzwald. Ein von Fanfaren unterstützter Ausbruch von Lebensfreude junger Menschen.
– Aber wir sind doch hier nicht auf dem Fußballplatz, Herr Borgentreich!
Häufig des Mittags, aber fast jeden Abend zum Abendbrot sorgten Herr Lössel oder Herr Barthel mit einem kurzen prägnanten Pfiff auf ihrer Trillerpfeife für Ruhe. Unser Bunny Lössel bekam fast immer ein total verklärtes Gesicht, war ihm der Pfiff besonders gut, d.h. laut gelungen.

DER EINBERUFUNGSBESCHEID

Der Postbote brachte Helmut Borgentreich den Einberufungsbescheid zur Wehrübung. Er mußte, da Einschreiben, den Empfang quittieren.
Was war zu tun?
Vierzehn Tage Einspruchsfrist.
Zehn Sitzungstage á DM 60,– waren abzuwägen gegen nur 70 % seines Gehaltes; Unterhaltssicherung. Vier Wochen nicht zu Hause. Sandrina allein. Viermal keine Nachtschicht, mindestens! Zwei Wochen der Osterferien gingen für die Wehrübung drauf. Nach Ostern würde sicher alles besser werden. Mai / Juni: global drei Tage arbeiten / vier Tage in der Woche frei. Pro Woche also nur einen Nachtdienst.
Helmut Borgentreich schleppte den Einberufungsbescheid mehrere Tage in seiner Tasche mit sich herum.
– Herr Lössel, ich habe einen Einberufungsbescheid zu einer Wehrübung erhalten.
– Für wie lange?
– Über vier Wochen.
– Vier Wochen! Sind die wahnsinnig?!
– Kam für mich auch überraschend. Bald fünfzehn Jahre nichts vom »Club« gehört und jetzt auf einmal gleich so lange.
– Wollen Sie denn dahin?
– Ich weiß es noch nicht.
– Überlegen Sie es sich übers Wochenende.

– Sie können jederzeit von uns eine Unabkömmlichkeitsbescheinigung erhalten, schaltete sich Herr Barthel ein. Die wollten mich damals auch ziehen. Habe sofort Widerspruch eingelegt. Meine Frau hatte denen auch noch von gebuchtem Urlaub und so geschrieben. Nie wieder was von gehört.

DER NEUE STUNDENPLAN

Bei dem schon erwähnten kargen Salär machte Helmut Borgentreich sich natürlich Gedanken, wie er dieses etwas aufbessern konnte. Die Nachmittage, an denen er sonst oft Nachhilfestunden gegeben hatte, fielen bei seiner jetzigen Dienstzeit weg. Was blieb, waren die Samstage und Sonntage; aber wer wollte da schon Nachhilfe nehmen und auch nur einmal die Woche. Eigentlich, war er der Meinung, müßte die Höhe seines Gehalts diesen Verdienstausfall auffangen.

Ihm war aufgefallen, daß nicht alle Klassen durchgängig in der Woche jeden Tag sechs Stunden hatten.

Als der neue Stundenplan für das zweite Schulhalbjahr aushing, fragte er, nachdem er diesen ausführlich studiert hatte, Herrn Lössel, wie es denn mit Nachhilfestundengeben in der sechsten Stunde aussehe, worauf dieser ihm spontan entgegnete, daß sein Dienst ja nicht exakt um 13.00 Uhr beginne, was Helmut Borgentreich jedoch anders sah, da er kein Kleinigkeitskrämer, Minutenschinder war. Diese nicht ausstehen konnte. Außerdem sei er, Herr Lössel, meinte dieser, diesbezüglich nicht der richtige Ansprechpartner. Das müsse er schon mit Frau Möller selbst aushandeln.

Helmut Borgentreich dachte sich, daß unter den Gleichen dieser Anstalt doch Gleichere sein mußten.

Helmut Borgentreich hatte oft des Nachmittags schon manchem Schüler in Englisch und Latein Nachhilfe gegeben; just for fun.

Symptomatisch für diesen Job auf Heimhausen schien es Helmut Borgentreich zu sein, daß der Durchschlag seiner Bewerbung, als er mal danach geforscht hatte, einfach unauffindbar geblieben war. Vielleicht hatte er auch gar keinen angefertigt.

WDR-Interview

Der Gong wird mit tierischer Kraft behämmert.

Bernd: Das ist unser allmorgendliches Zeichen zum Wecken; um Viertel vor sieben; und dann ist bis um Viertel nach sieben, bis zum Frühstück Zeit, um sich zu waschen; und dann ist eine Viertelstunde Frühstück.

Frederik: Viertel vor acht beginnt die Schule. Die dauert meistens bis ein Uhr.

Bernd: Und um ein Uhr ist dann mit fünf Minuten Verspätung, bis alle da sind, das Mittagessen. Das dauert auch so eine Viertelstunde bis zwanzig Minuten.

Tischgeräusche.

Reporterin: Sie gehen die ganze Zeit hier beim Mittagessen so durch die Gänge und schauen so auf die Tische. Was machen Sie? Passen Sie auf?

Helmut Borgentreich: Ja, ich passe dann auf, daß die Leute sich beim Essen anständig benehmen, na, daß sie vernünftig essen und hauptsächlich aber, daß dann Ordnung und Ruhe herrschen bei Tisch.

Reporterin: Was heißt für Sie, sich anständig benehmen?

Helmut Borgentreich: Ja, anständig benehmen, also normal, wie sich ein Mitteleuropäer benimmt; nicht. Bei der heutigen Jugend kann man ja nicht immer davon ausgehen, daß sie sich benimmt. Wenn ich da so noch an meine eigene Schulzeit denke, nicht, da hat man also noch Achtung vor den Abiturienten gehabt. Ja, man hat die noch mit Diener begrüßt; das ist ja heute schon lange nicht mehr der Fall, so seit den letzten zehn / fünfzehn Jahren nicht mehr. Und ich meine, gerade hier im Internat, da wollen wir doch etwas dafür sorgen, daß vielleicht so die alten Gepflogenheiten, wenn nicht ganz, so doch in Annäherung wieder erreicht werden.

Reporterin: Sagt mal, geht euch das nicht auf den Wecker, hier so getrennt zu sitzen, Jungen und Mädchen, und an son Jungentisch jeden Mittag zusammen zu essen?

Willy: Also ich persönlich kenn's nicht anders. Kann man auch nicht viel gegen machen. Weiß ich nicht.

Reporter: Wenn man hier so in die Zimmer hineinguckt, das sind doch so Betten, die sehen so aus wie Krankenhausbetten, so weiß gestrichen, und oben und unten son Stahlrohrrahmen, und zwischen den Betten stehen so große Schränke, das scheint so Blech zu sein, oder was ist das? – Ja, das scheint, ist Blech mit so einem Bezug, der nach Holz aus sehen soll, und davor hängt son altes Vorhängeschloß, was also mich erinnert, obwohl ich nie in einer Kaserne war, ehrlich ein bißchen an Kaserne.

Bernd: Das also hier ist ein extremes Zimmer.

Reporterin: Sehr spartanisch!

Bernd: Merken Sie auch schon daran, daß hier die einzigen Oberstufenschüler auf dem Flur sind. Sie können sich vorstellen...

Reporterin: War das ne Strafversetzung?

Frederik: Das war keine Strafversetzung. Das haben die von vorne herein so gemacht, am Anfang dieses Jahres, daß dieses Zimmer, weil die wohl dachten, das sind die vier größten Chaoten, und daß sie das hier direkt neben, nebenan liegt das Dienstzimmer, daß sie das hier zentriert haben, um dann halt immer hier dran vorbeigehen zu müssen.

Reporter: Man sieht überhaupt keine Musik, keine Kassettenrecorder, man sieht alles das nicht. Ist das hier verboten?

Frederik: Man darf sich Kassettenrecorder, Sie sehen ja auch keine Steckdosen hier auf den Zimmern, aber, normalerweise Musikgeräte darf man sich hier ins Zimmer stellen. Wir haben auch zwei Kassettenrecorder gehabt, aber die sind dann wegen, weil man sie eine Zeitlang zu laut hatte...

Reporter: ...einkassiert worden!

Frederik: ...einkassiert worden, und die kriegen wir dann am Ende der Woche wieder, und dann ham wir nächste Woche wieder welche.

Gelächter von Schülern; ein zaghaftes Gongen.

Bernd: Und um halb fünf beginnt dann die Aula, das Silentium, die Arbeitsstunden, wo man dann Hausaufgaben machen muß. Um zwanzig nach sechs ist gibt's dann Abendbrot. Das dauert so bis Viertel vor sieben, und dann ist ne 3/4-Stunde im Winter und ne Stunde im Sommer Freizeit, wo man halt Sport machen kann, oder es werden Karten gespielt, oder es wird sich halt unterhalten.

Frederik: 1/2 / Viertel vor acht Sommer / Winter beginnt dann wieder die dritte Arbeitsstunde. Die dauert bis zwanzig nach acht.

Bernd: Ja, und um zwanzig nach acht ist dann bis neun Uhr für die kleineren Schüler, das bedeutet Unterstufe, ist dann, äh, nah, man soll sich noch mal waschen nach Möglichkeit; dann ist die erste Bettruhe für die Unterstufe.

Frederik: Für die Oberstufenschüler beginnt die Bettruhe um zehn Uhr.

Von den Verheiraten sollen die Männer die glücklichsten sein. Die Frauen rangieren hier erst an zweiter Stelle.

Helmut Borgentreich ist bis jetzt, trotz seiner beruflichen Nackenschläge, immer ziemlich glücklich gewesen. Er ist es mit Sandrina, die jetzt schon seit Jahren mit ihm zusammenlebt, obwohl sie nicht verheiratet sind.

In den Zeiten, in denen er allein gelebt hatte, kam er sich nicht verloren vor. Helmut Borgentreich weiß sich zu beschäftigen, auch ohne Fernseher. Nach Büchern, nach Lesen ist er geradezu süchtig.

Sandrina käme bestimmt nicht so gut allein zurecht.

Manchmal muß Helmut Borgentreich einfach allein sein. Er braucht das wie das tägliche Brot. In dieser Beziehung ist er Egoist; kein krasser.

Er will Ina schon heiraten.

Er kann Opfer bringen, ist kein materieller und / oder seelischer Egoist.

Helmut Borgentreich hat auch nie eine große Bindung an seine Eltern gehabt, oft meint er sogar, zeitweise gar keine gehabt zu haben. Er hat sich früh von seinen Eltern abgenabelt, ist auf keiner kindlichen Stufe stehengeblieben. Er mußte früh zu Hause anpacken, seine Schuhe selbst putzen. Seine Mutter hat nicht alles für ihn erledigt.

Sandrina ist dazu bereit. Sie würde sich für ihn selbstveräußern. Dessen ist er sich ganz sicher.

Als Junggeselle aus Prinzip kann man ihn nur insofern bezeichnen, was seine schon erwähnten Beziehungen zu verheirateten Frauen betrifft. Diese Beziehungen waren unverbindlich, mehr erotischer als seelischer Natur gewesen. Als eingefleischter Junggeselle will er nicht gesehen werden, obwohl er mit Mitte dreißig Sandrina noch nicht geheiratet hat.

Bis vierzig will er damit aber auch nicht mehr warten. Er will mit Ina als seiner Frau eine harmonische Ehe führen.

Gewisse Gewohnheiten Ina zuliebe aufzugeben, dürfte nicht so leicht sein. Die Anpassung der Partner ist wichtig. Sie haben einander schon sehr angepaßt. Kompromißbereitschaft ist das A & O einer jeden Beziehung. Nur so kann sie harmonieren, Bestand haben. Und Treue, selbstverständlich. Vertrauen zum Partner in jeder Beziehung.

Uri erzählte seinem Erzieher Helmut Borgentreich einmal:

Einer unserer Stubenkameraden war 1, 98 m groß, trank jeden Tag bis zu zwei Kästen Mineralwasser, aß mengenweise Müsli, Obst; aß ständig auch im Unterricht, lief täglich – zuerst um die weiße Markierung auf dem Asphaltschulhof, später dann um den Sportplatz – 15 km. Dieser Kamerad, nur noch das Tier genannt, mußte dauernd bei geöffnetem Fenster schlafen, sommers wie winters. Im Bett hatte er zwei Trainingsanzüge an, mehrere Schals um den Kopf gewickelt. Er ging früh schlafen, da er durch sein Laufen immer ziemlich geschlaucht war; nachts leerte er Sprudelflaschen auf ex unter großem Getöse, und nicht nur dies, sein anschließend langanhaltendes Gerülpse, riß uns aus dem Schlaf, sondern auch seine apfelschmatzenden Eßgeräusche. Hatte er mal den kleinsten Schnupfen, mußten natürlich sämtliche Fenster geschlossen bleiben. Es gab dann einen permanenten Kampf mit den Jalousien; rauf, runter, die ganze Nacht. Immer wieder beteuerte er, er wolle sich bessern, zwanzigmal und öfter. Es wurde natürlich nicht besser. Bei einem dieser zimmerinternen Fensteraufzukämpfe schleuderte er, völlig genervt, einen Schuh in meine Richtung; die Glasscheibe des geöffneten Fensters zerbarst, die Splitter suchte ich die ganze Nacht aus meinem Bett.

Es war auch, so glaubte Helmut Borgentreich, Uri gewesen, der ihm erzählt hatte, daß Herr Barthel durchs Zweite Staatsexamen gefallen sein soll.

Diese Information gibt Helmut Borgentreich hier ohne Gewähr wieder.

Er kann sich aber gut vorstellen, daß diese Info stimmt. Er würde es hier im Hause Dr. Möller bestimmt kein Jahr als Erzieher aushalten. Schleimi Lössels Ausage »ein guter Erzieher ist man erst nach einem Jahr« würde er wohl persönlich nicht bestätigen können.

SCHÜLERWITZE

Frage: Warum haben Naturschützer, Grüne so viele Kinder?
Antwort: Jute statt Plastik!

Helmut Borgentreichs Tasche ist aus Leinen.

Frage: Kennen Sie nicht ein paar Zwergenwitze, Hr. Borgentreich?
Antwort: Ich kenne gar keine Zwerge.
   Gelächter.
Frage: Kennen Sie den kleinen Daniel, Hr. Borgentreich?
Ho ho ho. Riesengelächter. Die Schüler schauen einander wissend an.

Ganz zu Anfang seiner Karriere im Hause Möllerr hatte Helmut Borgentreich den Schüler Daniel gelobt. Dieser hatte während eines Fußballspiels zwei Tore geschossen.

Die Kündigung

Wieder einmal einen der lästigen Nachtdienste abgerissen.

Gegen acht Uhr verließ Helmut Borgentreich das Anwesen; gegen halb neun war er zu Hause und legte sich auch gleich ins Bett, nachdem er die Hausklingel ab-, die Telefonklingel leiser gestellt hatte.

Zwei Stunden wälzte er sich, was schon lange nicht mehr seine Art war, hin und her – schon seit zehn Jahren stand er auf, konnte er nicht mehr schlafen, ganz gleich, wieviel Uhr es war, versuchte es mit Horaz, wenn nicht den Tag, so die Nacht, mitten darin, den Augenblick zu nutzen.

Sein Körper war zerschlagen; wenig Schlaf während des Nachtdienstes. Ein Ohr immer auf dem Flur. Die Matratzen waren das letzte. Das summende Geräusch der nahen Autobahn, verstärkt vom Heizungsbrenner im Keller des Internats tief unter ihm. Ein schlagender Fensterflügel irgendwo im Haus, von einem schlaftrunkenen, nichtsdenkenden Nachtscheißer offengelassen.

Helmut Borgentreich quälte sich aus seinem Bett heraus, stellte die Hausklingel wieder an, stieg unter die Dusche – Wechselbäder.

Es klingelte. Die Post war schon lange durch. Gleich elf Uhr. Er schlüpfte in seinen Morgenmantel.

Seine Nachbarin stand vor der Korridortür.

– Morgen, Helmut. Habe ein Einschreiben für dich angenommen.

Sie ging in ihre Wohnung zurück. Er folgte ihr über den Hausflur, erkannte von weitem links oben den Absender.

– Hier, bitte, Helmut. Hoffentlich gute Nachrichten.

– Wird ne Gehaltserhöhung sein! Danke dir!

Helmut Borgentreich war ganz ruhig. Zurück in seiner Wohnung öffnete er das Einschreiben seiner Arbeitgeberin.

– Hiermit kündigen wir Ihnen fristgerecht zum 31. März.
                                                                Möller

Ein lapidarer Satz. Seine erste Kündigung. Die Kündigung seiner ihm in Aussicht gestellten Lebensstellung. Aus heiterem Himmel. Ohne jegliche Begründung. Rein gar keine. Fristgerecht.

Vor sechs Wochen hatte er seine vierteljährige Probezeit erfolgreich hinter sich gebracht. Obwohl vom Chirurgen arbeitsunfähig geschrieben, war er dennoch die letzten drei Tage seiner Probezeit zum Dienst erschienen.

Vor den Herbstferien hatte er sich eine starke Erkältung zugezogen, diese über sechs Wochen bis zum Ferienbeginn dahingeschleppt, nur, um seine Probezeit erfolgreich zu beenden.

Seine ersten Ferien (im Herbst) im Dienste des Internats Dr. Möller hatte er im Bett zugebracht, von Sandrina liebevoll gepflegt. Die zweiten Ferien (Weihnachten) hatte er einarmig verbracht, ebenfalls von Sandrina liebevoll versorgt.

Über sechs Wochen lief jetzt die Kündigung seiner Lebensstellung. Total überraschend. Dennoch wirkte sie ganz normal auf ihn. Es fühlte eine Last von sich genommen. Der Zeitpunkt war ungünstig. Zugegebenermaßen. Besser war immer, selbst zu kündigen, hatte man Neues fest in Aussicht. Aber so?

Helmut Borgentreich war sich keiner Schuld bewußt. Hatte keine goldenen Löffel geklaut. Gab es sowieso nicht; außer bei Frau Möller im Privathaushalt. Er war Fr. Möller gegenüber immer, die paar Male, die er sie gesehen hatte, korrekt aufgetreten. Den anderen Mitarbeitern ihres Hauses sowieso.

Seinen Dienst hatte er nach bestem Wissen und Gewissen verrichtet. Die Zöglinge waren ihm nicht auf dem Kopf oder sonst wo rumgetanzt. Ihre Scherzchen hatten sie natürlich gemacht, wie bei jedem Erzieher. Die Schüler hatten ihn akzeptiert. Sie hatten zueinander ein Verhältnis aufgebaut: bis hier hin, nicht weiter.

Er rief im Internat an.

Frl. Schwarzwald konnte ihm nichts sagen, nur, daß die Chefin nicht zu sprechen war. Einen Termin mit ihr konnte sie auch nicht für ihn ausmachen.

Helmut Borgentreich suchte die Gründe seiner Kündigung. Ihm fiel keiner ein.

Herr Lössel wußte angeblich erst seit gestern von Helmut Borgentreichs Kündigung. Sonst wußte es keiner im Internat.

Herr Barthel fiel fast aus allen Wolken, als Helmut Borgentreich es ihm sagte. Er konnte erkennen, daß Herrn Barthel echt überrascht war.

– Das heißt ja dann wieder noch mehr Dienste für Herrn Funkelt und mich. Alte, schlechte Zeiten stehen uns wieder ins Haus. Für Sie, Hr. Borgentreich, tut es mir besonders leid.

Herr Barthel war der einzige, dem die Kündigung leid tat.

– Wenn ich nur eine Erklärung hätte?

– Frau Möller wird Ihnen bestimmt eine geben; da bin ich mir ganz sicher, Herr Borgentreich.

Den ganzen Nachmittag und frühen Abend über wählte Helmut Borgentreich die Privatnummer von Frau Möller. Sie nahm nicht ab.
Er schaute draußen nach. Zu Hause schien sie zu sein. Es brannte Licht in ihrer Villa.

TELEFONATE

In der nächsten Woche, während seines obligatorischen Nachtdienstes, erwischte er sie dann doch am Telefon.
– Ja, bitte!
– Hier ist Herr Borgentreich, Frau Möller.
– Ihre Kündigung bleibt bestehen!
– Könnte ich vielleicht ein paar Gründe wissen?
– Ich habe jetzt keine Zeit. Sie wissen doch, mein Sohn.
Aufgelegt!

Ein anderes Mal.

– Herr Borgentreich, ich habe jetzt keine Zeit. Ich muß ins Krankenhaus zu meinem Sohn. Sie wissen doch, daß er schwer krank ist.
– Ich möchte doch nur eine plausible Erklä...
Aufgelegt!

Wiederum.

– Hier Borgentreich, Frau Möl...
Aufgelegt!

Diese nicht begründete Kündigung nagte an ihm. Er konnte sie so nicht auf sich sitzen lassen. Gut, daß Sandrina und er noch keinen Urlaub gebucht hatten. Sie hatten es vorgehabt, dann aber von Tag zu Tag hinausgeschoben. Instinkt? Die Prospekte von Malta waren vielversprechend. Gut, daß sie sich für die Osterwoche kein Zimmer hatten reservieren lassen. Eigentlich wollten sie ein paar Tage Schilaufen gefahren sein. Er hatte die Postkarte schon auf dem Schreibtisch liegen gehabt, dann doch wieder in die Schublade gelegt. Instinkt?
Eigentlich wollte er Sandrina in diesem Jahr heiraten. Hatte man eine Lebensstellung und verdiente ein paar Mark, war das drin. Die Verlobungszeit würde sich jetzt noch ein klein wenig verlängern.

Herrn Breuer hatte Helmut Borgentreich eines seiner noch wenigen Exemplare seiner »Sequenz« zum Kauf angeboten. Leihen wollte es sich Hr. Breuer zuerst. In den bevorstehenden Osterferien lesen. Die Zeit verlief, arbeitete gegen Helmut Borgentreich. Er sah sein Geld schwinden. Drauf und dran war er, Herrn Breuer diesbezüglich anzusprechen. Irgendwie fehlte ihm jedoch der Mut bzw. es erschien ihm kleinlich, danach zu fragen.
 Als er sich am vorletzten Tag auf Heimhausen endlich durchgerungen hatte, kam Hr. Breuer auf ihn zu.
 – Ich habe es mir überlegt, Hr. Borgentreich. Ich kaufe ihr Buch.
 Er drückte Helmut Borgentreich zwanzig Mark in die Hand.
 – Stimmt so.

Helmut Borgentreich hatte die letzten Bücher seines ersten Kurzgeschichtenbändchens (dreizehn) mit dem vielsagenden, nichtssagenden Titel »Sequenz« von seinem in Konkurs gegangenen Verlag – die Tochter des verstorbenen Verlegers wollte nur Geld, aber keine Arbeit – aufge- und in Heimhausen an seine Zöglinge verkauft, nachdem er seine fristgerechte Kündigung von Frau Möller eingeschrieben erhalten hatte.
 Die Bücher gingen weg wie warme Semmeln. Es klingelte in Helmuts Kasse. Viele Zöglinge, von denen er es nicht erwartet hatte, kauften eins.
 Helmut Borgentreichs Freund Uri war an seinem letzten Diensttag sein letzter Kunde auf Heimhausen. Helmut Borgentreich verabschiedete sich von allen, die ihm irgendwie ans Herz gewachsen waren, gegen Dienstende mit Handschlag.
 – Wie komme ich denn jetzt noch an ihr Buch mit Autogramm von Ihnen, Herr Borgentreich? fragte Uri verzweifelt.
 – Ich hole dir gleich eins.
 – Ich habe aber heute kein Geld dabei.
 – Macht nichts, Uri; dann schenke ich dir eins.
 Als er mit dem Buch zurückkam, drückte Uri ihm zwanzig Mark in die Hand.
 – Bernd hat sie mir geliehen, Herr Borgentreich!
 Die persönliche Widmung an Uri lautete: » für Uri, mit dem ich oft stillschweigend übereinstimmte.«

DIE KÜNDIGUNGSBEGRÜNDUNG

Der Schulleiter, Herr Matten, lief Helmut Borgentreich über den Weg.
– Haben Sie einen Moment Zeit für mich?
– Sicher, Herr Borgentreich. Kommen Sie in meine gute Stube. Nehmen Sie Platz!
– Sie wissen sicherlich, daß Frau Möller mich gekündigt hat?
– Ich habe es vor ein paar Tagen von ihr erfahren.
– Sie will über Kündigungsgründe nicht mit sich reden lassen. Vielleicht können Sie mir da weiterhelfen, Herr Matten. Ich bin mir keiner Schuld bewußt. Nur so aus dem hohlen Bauch heraus. Damit kann ich nicht leben.
– Es werden vor allem wirtschaftliche Erwägungen sein, die unsere Chefin zu diesen Schritt veranlaßt haben.
– Wirtschaftliche Gründe? Steht es denn so schlecht mit der Schule, dem Internat?
– Frau Möller war nie dafür, einen vierten Erzieher einzustellen. Erst auf Drängen von Herrn Lössel ist dieses geschehen.
– Nicht möglich!

Sollte Helmut Borgentreich Bunny so verkannt haben?!

– Vielleicht hatte Frau Möller auch mehr Eigeninitiative von Ihnen erwartet. Ihr Vorgänger z. B. hatte eine Fußball-AG aufgebaut.
Hatte Herr Funkelt doch vor kurzem noch erwähnt, daß er das auch gerne gemacht hätte. Das Neueste, was Helmut Borgentreich hörte.

– Davon ist mir in meinem Vorstellungsgespräch nichts gesagt worden, Herr Matten. Es wäre für mich nichts leichter gewesen. Vielleicht ein literarischer Zirkel: Wie schreibe ich ein Gedicht, eine Kurzgeschichte?
– Außerdem dürfen Sie nicht vergessen, daß für das neue Schuljahr bis jetzt erst ein interner Sextaner angemeldet worden ist. Für die gesamte erste Klasse erst fünf Schüler und Schülerinnen.
– Vielen Dank für Ihre Ausführungen, Herr Matten. Jetzt sehe ich etwas klarer und bin halbwegs beruhigt.
– Ich wünsche Ihnen für Ihre Zukunft alles Gute.
– Ich danke Ihnen, Herr Matten.
– Ach, übrigens, Herr Borgentreich, ich habe gehört, daß sie ein von Ihnen verfaßtes Buch verkaufen. Haben Sie noch ein Exemplar?
– Sicher, Herr Matten, für Sie immer.

Karte an Frau Möller (14. 02.)

».... gehe ich davon aus, daß Sie mir kein Zeugnis ausstellen werden.«

Diese Karte hatte er erbost geschrieben, nachdem Frau Möller nach seinen Anrufen, nach Ihrem obligatorischen »ja, bitte« und nach seiner Namensnennung, den Hörer einfach wieder aufgelegt hatte.

Bescheinigung (28. 03.)

»Während seiner kurzen Beschäftigungszeit hat er sich bemüht, die ihm übertragenen Aufgaben zu erfüllen.«

Note sechs (6); ungenügend.

Dafür hatte er nach seinem Unfall mit der Fantaflasche, obwohl krankgeschrieben, noch drei Tage bis zu den Weihnachtsferien seinen Dienst versehen.

Brief an Frau Möller (11. 04.)

Diese Ihre Bescheinigung ist noch schlechter als gar keine, wie ich Ihnen prophezeite. Anbei als Anlage zurück.
 Ich wäre Ihnen sehr verbunden, wenn Sie mir ein qualifiziertes Zeugnis mit den von mir geleisteten Tätigkeiten in Ihrem Hause ausstellen würden. Vielleicht erkundigen Sie sich einmal bei Herrn Barthel.
 Ich selbst gehe davon aus, daß ich mindestens befriedigende Leistungen in Ihrem Hause gezeigt habe, was in einem Zeugnis etwa so lauten könnte:

Während seiner kurzen Beschäftigungszeit (sechs Monate und eine Woche) hat Herr Borgentreich die ihm übertragenen Aufgaben stets zu unserer vollen Zufriedenheit erfüllt.

Oder:

Während seiner kurzen Beschäftigungszeit waren Herrn Borgentreichs Leistungen gut. Er hat die ihm übertragenen Aufgaben stets zu unserer vollsten Zufriedenheit erfüllt.
 Herr Borgentreich zeigte den ihm anvertrauten Schülern gegenüber größtes Einfühlungsvermögen und half, Schwächen, besonders im Bereich Deutsch, bei diesen Schülern abzubauen.

Aufgrund seiner guten Allgemeinbildung, speziell auf dem Gebiet der lateinischen Sprache, konnte er den Schülern sehr oft bei schwierigen Texten weiterhelfen.
Während seiner Arbeitszeit in unserem Internat, zu der auch zu leistende Nachtdienste gehörten, kam es unter den Internatszöglingen nie zu Ausfällen. Es herrschte immer Ruhe, da die Schüler Herrn B. als Respektsperson ansahen und akzeptierten.
Aufgrund seines korrekten, stets einwandfreien Verhaltens war Herr B. bei allen, Kollegen und Schülern, gleichermaßen beliebt.
Aus wirtschaftlichen Gründen (? ? ?) mußten wir uns leider zum 31. 03. von Herrn Borgentreich trennen.
Wir wünschen ihm für seine beruflichen Zukunft alles Gute.

Lange Zeit passierte gar nichts.

Einschreiben an Frau Möller (09. 05.)

Zeugnis über meine Tätigkeit in Ihrem Hause vom 21. 09. bis zum 31. 03.

Verehrte Frau Möller,

vor einem Monat bat ich Sie, mir statt der mir von Ihnen ausgestellten Bescheinigung, die ich Ihnen zurücksandte, ein qualifiziertes Zeugnis über meine Tätigkeit in Ihrem Hause auszustellen.
Bis heute haben Sie sich diesbezüglich noch nicht gerührt. Obwohl ich Ihre Bescheinigung über meine Person nicht per Einschreiben abschickte, gehe ich davon aus, daß Sie diese, auch unter einem Postminister Schwarz-Schilling, erhalten haben.
Da ich per Gesetz ein Anrecht auf ein qualifiziertes Zeugnis habe, fordere ich Sie hiermit nochmals auf, mir ein solches in den nächsten drei Wochen zukommenzulassen.

Hochachtungsvoll

Helmut Borgentreich

Zeugnis (09. 05.)

Herr Helmut Borgentreich war vom 21. 09. bis zum 31. 03. in unserem Internat als Erzieher tätig.

Zu seinen Aufgaben gehörten die Beaufsichtigung der Schüler während der Freizeiten und bei der Anfertigung der Hausaufgaben im Silentium. Sein weiteres Aufgabengebiet erstreckte sich auf erzieherische Maßnahmen während der Mahlzeiten, der abendlichen Einhaltung von Ruhe und Ordnung beim Zubettgehen der Schüler.
    Außerdem leistete Herr Borgentreich 2- bis 3mal pro Woche Nachtdienst, damit auch während der Nachtruhe für die Sicherheit der uns anvertrauten Schüler gesorgt war.

Aufgrund seiner breiten Allgemeinbildung, aber auch seiner fundierten Kenntnisse als Lehrer konnte Herr Borgentreich die ihm anvertrauten Schüler in gymnasialen Unterrichtsfächern, insbesondere in Deutsch und Latein, in angemessener Weise fördern.
    Dabei war Herr Borgentreich stets bemüht um engen Kontakt mit unseren Lehrern und bereit, Hinweise und Rat in seiner Aufgabe umzusetzen.
    Als Erzieher wurde er gemäß seinen Fähigkeiten und seines korrekten Auftretens von den Schülern respektiert, seine bedächtige Art wirkte in Konfliktsituationen beruhigend.
    Sein Verhältnis zu den Kollegen war freundlich und daher spannungsfrei.

 Obwohl Herr Borgentreich seinen Dienst immer pünktlich und korrekt erfüllte, seine Arbeit auch bei leichterer, kurzer Krankheit nicht unterbrach, muß ich das Arbeitsverhältnis termingerecht zum 31.03. kündigen, weil durch die verringerte Zahl der Internatsschüler nach Zulassung der Jahrgangsstufe 13 zur Abiturprüfung eine Weiterbeschäftigung wirtschaftlich nicht vertretbar ist.

Wir wünschen Herrn Borgentreich für seine weitere berufliche Tätigkeit Erfolg.

           Möller
          (Schulträger)

Warum nicht gleich so!

Ein Leben ohne Ziel ist sinnlos.

Noch länger auf dem Balkon zu sitzen, die jüngst vergangenen Ereignisse Revue passieren zu lassen, sich über sein und Sandrinas Zukunft Gedanken zu machen, in dieser Kälte, ebenfalls.

Helmut Borgentreich geht in die Wohnung, schaut aus dem Küchenfenster. Er sieht die gegenüberwohnende marokkanische Familie aus dem Haus kommen. Der Marokkaner hält sein jüngstes Kind auf dem Arm, scherzt damit, herzt es.

Die älteste Tochter küßt ihrem Vater devot die Hand.

Er muß Sandrina vor vollendete Tatsachen stellen. Termin einer Eheschließung kann gut ihr Verlobungstag sein.

Er hat bis jetzt so ziemlich nur sein eigenes Leben gestaltet. In Zukunft will er auch das seiner Frau mitgestalten; gemeinsam wollen sie es tun.

Seine, jetzt wiederum seit drei Wochen andauernde Arbeitslosigkeit sollte ihn nicht, wie oft zuvor, antriebslos machen.

Wendung hin zum nützlichen Tun, fällt ihm wieder ein. Wenn ein bekannter Schriftsteller einen seiner Nachmittage beschreiben kann, dieses gedruckt, gekauft und vielleicht auch noch gelesen wird, warum sollte nicht er, Helmut Borgentreich, der arbeitslose Lehrerhobbyschriftsteller, einen Tag aus dem Leben seiner Arbeitslosigkeit beschreiben.

Über 2,5 Millionen Arbeitslose gibt es z. Z. in der BRD; mehr als unter der Führung des Staatsmannes Helmut Schmidt.

Vielleicht werden sich unter diesen ein paar tausend Leser finden, die sein Buch kaufen, sowie viele andere literarisch interessierte Menschen; von seinen zigtausend arbeitslosen Kollegen ganz zu schweigen.

Das Wichtigste wird zuerst einmal sein, das Buch zu schreiben. Die Gedanken, die er sich heute dazu gemacht hatte, wird er zu Papier bringen müssen.

Sein Freund Caspar wird ihm sicherlich seine Computeranlage zur Verfügung stellen.

Noch wichtiger wird es natürlich sein, für das geschriebene Buch einen Verlag zu finden. Vielleicht nimmt der »Nachmittagsschriftstellerverlag« sein Manuskript unter Vertrag. Helmut Borgentreich wird diesem eine Kopie seines Buches schicken.

Auch ohne Hoffnung ist das Leben sinnlos.

Helmut Borgentreich hat Ziele vor Augen. Er wird das Buch schreiben. Es zu Ende bringen. Er wird seine Sandrina heiraten.

Mit Zielen vor Augen hat er sein Leben noch vor sich.

Von der Hand in den Mund können Ina und er nicht leben.

Er braucht Unterstützung. Er denkt sofort an seine Mutter. Sie wird sie ihm zukommen lassen.

Helmut Borgentreich wird sein Buch schreiben können.
Helmut Borgentreich wird seine Sandrina heiraten können.
Er wird eine neue Stelle finden.
Auf die Genossen kann man sich auch nicht mehr verlassen. Die sind auch nicht in der Lage, eine Stelle für ihn als Lehrer im Staatsdienst, auch nicht als Nur-Angestellter, zu besorgen.
Er kann seine Sandrina nur heiraten, wenn sie beide in Sicherheit leben können.
Sicherheit bedeutet: einen Arbeitsplatz, möglichst in seinem Beruf; ein festes Gehalt.
Bald wird seine Verlobte mit ihrem Studium fertig sein. Sie wird bestimmt ohne größere Schwierigkeiten eine gut dotierte Stelle finden.
In zwei / drei Jahren werden sie aus dem Schneider sein; wenn alles klappt.
Er kann dann als Hausmann das Kind versorgen, nebenbei seine vielen, vielen Ideen zu Papier bringen. Etwa zehn Jahre, so überschlägt er, hat er bestimmt zu tun, um die Seiten neuer Bücher zu füllen, um alte zu überarbeiten, um damit seinen eigenen Computer zu füttern.

Helmut Borgentreich schüttet sich noch einen Whisky ein, ruft seine Verlobte an, sagt ihr, daß er morgen anfangen wird, einen neuen Roman zu schreiben, um die nächsten Tage und Wochen nützlich zu verbringen.
Er trinkt den Whisky aus, geht dann ins Bett, überfliegt noch eben das Tageschronikblatt, löscht das Licht, um Kräfte zu sammeln für seinen morgen beginnenden neuen Lebensabschnitt.

EPILOG

Zweite Seite der Stellenangebotsbeilage am Samstag, dem 25. 06., in der WR.

DAS GYMNASIUM HEIMHAUSEN

sucht zum baldigen Eintritt einen

ERZIEHER

mit Lehrbefähigung für Sek. I oder I und II.

Wir erwarten einen Herrn, der Autorität besitzt und disziplinsicher ist. Zu seinen Aufgaben gehören: Betreuende Beaufsichtigung der Hausaufgaben und Betreuung unserer Internatsschüler in der Freizeit.

Bewerbungen mit den übl. Unterlagen und Lichtbild an

GYMNASIUM HEIMHAUSEN
      INTERNAT DR. MÖLLER

Helmut Borgentreichs Verarschung ist jetzt offenkundig; die seines potentiellen Nachfolgers war möglicherweise vorprogrammiert.
    Er überlegt, ob er nicht eine Gegenanzeige in der Zeitung aufgeben soll:

Warnung vor dem Internat Dr. Möller! Sie werden nur verarscht, wenn Sie dort die ausgeschriebene Stelle als Erzieher annehmen.

»Aus wirtschaftlichen Gründen muß ich das Arbeitsverhältnis mit Herrn Borgentreich termingerecht kündigen.«

Das gleiche Spielchen begann möglicherweise in ein paar Wochen / Monaten für eine neue männliche Autorität.

»Ich bin diese Vorstellungsgespräche leid, nicht wahr, Herr Lössel.«

Auch der neue, disziplinsichere Kandidat würde möglicherweise etwas von einer Lebensstellung in seinem Vorstellungsgespräch zu hören bekommen.

Er würde abzuwägen haben, ob er mit etwas mehr als gar nichts vom Arbeitsamt diesen Scheißjob als Erzieher annehmen soll.
Er würde genau, wie Helmut Borgentreich es tat, darauf hoffen, vielleicht einmal ins Kollegium überwechseln zu können.
Irgendwann erhielte er dann möglicherweise, ganz unvorbereitet, per Einschreiben, so um die Osterferien herum, seine fristgerechte Kündigung.
Die Abiturienten verlassen bald das Haus Dr. Möller.
Auf das Abitur wird möglicherweise hauptsächlich in den Nachhilfe- und Förderstunden gezielt hingearbeitet. Gegen harte DM versteht sich.
Nicht nur ein Schuljahr auf Heimhausen kostet lockere 10.000 / 12.000 Mark. Das Abitur verschlingt möglicherweise nochmals Extrasummen, die von den Eltern gerne aufgebracht werden. Ihre Töchter, ihre Söhne sollen ja mal in ihre Fußstapfen treten.
Die Feiertage im Mai / Juni stehen vor der Tür. Im Hause Dr. Möller kann man gut improvisieren. Frau Möller wird mal wieder aus wirtschaftlichen Gründen fünf Monatsgehälter gespart haben. Dafür kann man schon mal so jedes Jahr eine Annonce aufgeben, ein Vorstellungsgespräch führen, einem Bewerber eine Hoffnung auf Existenzsicherung vorgaukeln. Es sind ja genug da. Der heutige Arbeitsmarkt läßt diese unsozialen Spielchen ja zu.
Vielleicht tun sich unsere Finanz- und Kultusminister mal zusammen, um einen breiten Einstellungskorridor für die arbeitslosen Lehrer zu öffnen – bis Mitte der neunziger Jahre kann keiner warten, ohne zu verhungern, verrückt zu werden –, damit solchen privaten Machenschaften, wie sie z. B. auf Heimhausen möglicherweise gang und gäbe sind, endlich ein Riegel vorgeschoben wird.
Wie heißt es noch so schön im Grundgesetz der BRD:

> *Die Genehmigung ist zu erteilen, wenn die privaten Schulen in ihren Lehrzielen und Einrichtungen sowie in der wissenschaftlichen Ausbildung ihrer Lehrkräfte nicht hinter den öffentlichen Schulen zurückstehen und eine Sonderung der Schüler nach den Besitzverhältnissen der Eltern nicht gefördert wird.*

Den zigtausend arbeitslosen Lehrern muß durch ein Angestelltenverhältnis die Wendung hin zum nützlichen Tun ermöglicht werden.
Einstellungsgeschenke vor Landtagswahlen sind auch keine Lösung des Problems.

mein Dank gilt C.C.R., der mir seine Computeranlage für den Satz zur Verfügung stellte.